歴史文化ライブラリー
387

豊臣秀頼

福田千鶴

吉川弘文館

目次

なぜ豊臣秀頼なのか――プロローグ

悲劇の貴公子

その名に値する人物を日本歴史上にさがすとしたら、間違いなく豊臣《とよとみの》秀頼《ひでより》は候補の一人になるだろう。父は天下人豊臣秀吉《ひでよし》。母は戦国大名浅《あざ》井《い》家に生まれた茶々（淀《よど》）。ゆえに、祖母は天下人織田信長の妹市《いち》であり、信長は大伯父にあたる。天下人の血筋を歴代うけ継いでいること。これが、貴公子の名にふさわしいとするゆえんである。

では、なぜ悲劇なのか。一般的には、天下人の血筋を誇りながら、天下掌握をめざす老《ろう》獪《かい》な徳川家康にじわじわと追いつめられ、方広寺《ほうこうじ》大仏殿鐘銘事件で大坂冬の陣が引き起こされ、その和睦から半年も経ない夏の陣で、生母とともに無念の死を遂げたことが悲劇なのだ、と説明される。享年二十三（満二十一歳と九ヵ月）と聞けば、さらに涙を誘う。

しかし、筆者はそのような手垢のついた安っぽい感傷にひたって、秀頼の悲劇を論じるつもりはない。秀頼の悲劇は、もっと別のところにある。それは、判官贔屓《ほうがんびいき》の日本人が好みそうな悲劇の生涯を遂げながら、実際には悲劇の貴公子としてうけとめられていない。そこに真の悲劇がある。

秀頼の死から四百年となる現在でも、秀頼やその生母茶々に対する人々の視線は陰湿で悪意に満ちており、徳川贔屓の江戸っ子でなくとも、凡庸な秀頼と淫乱な悪女茶々の所業によって豊臣氏は自ら滅亡したのであり、自業自得である、というような評価が根強く残っている。あるいは、客観的な判断を求められる研究書ですら、茶々・秀頼母子に対して嫌悪の念があるのではないか、と疑いたくなる叙述に出くわすことも少なくない。

なぜ、没後四百年を経《た》とうとしても、秀頼の悲劇は「悲劇の物語」として語られることが少ないのか。この問いの答えは簡単で、秀頼没後の歴史の中心にいたのが徳川氏だからである。本書ではこの徳川中心史観から離れ、客観的な立場から秀頼の生涯を解き明かすことを第一の課題として設定したい。

とはいえ、なぜ筆者が豊臣秀頼を研究テーマとするようになったのかといえば、目にはみえない不思議なご縁があったような気がする。

秀頼との出会い

豊臣秀頼の研究に長年打ち込まれた方に、井上安代氏がいる。秀頼に関する史料を博捜されて、『豊臣秀頼』（自家版、一九九二年）を刊行された方である。その「あとがき」で、同氏は秀頼への思いを次のように述べる（旧字を新字に改めた）。

私は近世史上、多少名はありながら、なおかつ後世にあまり認められていない人物像を追い求めているうちに、たまたま右大臣秀頼の名に遭遇した。その真実に近い姿が後世に誤伝されていることに思いを致し、この人の真の姿に、わずかでも光を当ててみたいと思いたつこと久しい。

井上氏は、昭和十七年（一九四二）に高等女学校を卒業して以来、豊臣秀頼の研究を続けられ、現在でも秀頼に関わることであれば何にでも熱い情熱を注いでおられる。筆者が書いた秀頼に関する短文をみて丁寧なお手紙をいただき、そこから筆者と井上氏とのおつきあいが始まった。そして、二人の会話の終わりはいつも、「いつか必ずや秀頼や茶々の無念の思いを晴らしてあげましょう」で締めくくられた。

思い返せば、筆者が最初に豊臣秀頼を意識したのは、修士論文のテーマとして取り上げようと考えたときだった。平成元年（一九八九）の夏である。修士一年の夏休みは、秀頼に関する史料収集で時間が過ぎた。しかし、筆者は卒業論文を「黒田騒動」という福岡藩の「御家騒動」で書いたことから、結局、修士論文も「御家騒動」でまとめることになり、博士論文のタイトルも「幕藩制の確立と御家騒動の研究」となった。こうして、せっかく集めた秀頼関係の史料は、長らく「御蔵」入りとなってしまった。

秀頼研究序説から本論へ

筆者が再び秀頼研究へと向かうきっかけとなったのは、織豊期研究の第一人者として知られる三鬼清一郎先生が名古屋大学を退官される際の論文集『織豊期の政治構造』（吉川弘文館、二〇〇〇年）に誘われたことである。執筆は快諾したものの、実のところ筆者はそれまで取り立てて織豊期の研究をしてきたわけでもなかったので、何を書こうかと迷った。そのとき、過ぎ去りし夏に集めた秀頼関係史料があることを思い出し、織豊期とは多少ずれるとは思いながらも「豊臣秀頼研究序説」を書いた。これは、文禄・慶長期の秀頼の居所を確定する作業をした基礎研究である。以来、秀頼関係での執筆依頼がくるようになった。本書もその一つにあたる。

ちょうど「公儀」論が盛んな頃で、すぐに取りかかるつもりでいたが、なかなか本腰を入れられなかった。今思えば、手軽く扱いたくなかったのだと思う。その一方で、秀頼の生母浅井茶々の評伝『淀殿―われ太閤の妻となりて―』（ミネルヴァ書房、二〇〇七年）を書き、その関連で茶々の妹になる浅井江《ごう》の評伝『江の生涯―将軍家御台所《みだいどころ》の役割―』（中央公論新社、二〇一〇年）や、江の夫である徳川秀忠の評伝『徳川秀忠　江が支えた二代目将軍』（新人物往来社、二〇一一年）などを書いて準備を進めてきた。秀頼四百回忌にあたる今年、本書を上梓することは筆者にとっての悲願である。

井上安代氏のご著書『豊臣秀頼』には、義兄にあたる古代史研究の大家井上光貞（故人）の日記からの引用がある（旧字を新字に改めた）。

あるテーマが面白いということは、人がもてはやすからではない。そのテーマには、自分の問題関心上、謎を解くための、無限の鍵が隠されていて、怪しい光を放っており、どうしても手放すわけにはいかないためである。私はその謎解きを〝手軽く〟やらないことにしている。そこでテーマの数も多くなるが、待っていると、研究条件の変化や、自分の成長などで、今まで見えなかった〝地平〟が自然に見えてくることがある。それが、歴史を学ぶものの、楽しみである。

（一九八二・一一・二四）『朝日新聞』夕刊掲載

機は熟したか――。

筆者を魅了してやまない怪しい光を放つテーマ――豊臣秀頼――の謎解きに、とにかく本腰で取り組む日がきたのである。今日まで待った筆者に、秀頼を論じるための〝地平〟がみえていることを信じたい。

さて、前置きはこのくらいにして、本論に入ることにしよう。「歴史を学ぶものの、楽しみ」に、最後までおつきあいいただければ幸いである。

誕生から元服まで

出生をめぐる疑惑

豊臣秀頼《とよとみのひでより》は、文禄二年（一五九三）八月三日に大坂城二の丸で生まれた。生母は浅井《あざい》茶々である。まずは、秀頼が最期のときを迎えるまでの二十三年間をともにすごした母の話から始めよう。

生母浅井茶々

茶々は、近江小谷《おだに》城主の浅井長政を父に、織田信長の妹市《いち》を母に、浅井三姉妹（茶々・初《はつ》・江《ごう》）の長女として生まれた。一般には「淀殿《よどどの》」「淀君《よどぎみ》」として知られているが、これは江戸時代になってから定着した呼び名であり、彼女の生存中にそのように称えた史料は確認できない。「殿」や「君」は敬称なので、それをはずした「淀」が彼女の号（本名のほかに付ける名）であり、「淀」を冠したものでは「淀の御女房衆」（『言経卿記《ときつねきょうき》』『お湯殿《ゆどの》上日記《うえのにっき》』ほか、以下、『言経』『湯殿』と略記）、「淀の御内」（『多聞院日記《たもんいんにっき》』、以下『多聞』と略記）、「淀の上様《かみさま》」（『北野社家日記』、以下『北野社家』と略記）、「よどの御台様《みだい》」「よどの御前様」（平塚瀧俊書状）などと呼ばれていた。

図１　伝 淀殿画像（奈良県立美術館所蔵）

茶々は豊臣秀吉《とよとみのひでよし》の妻となり、長男鶴松《つるまつ》を生み、淀城から大坂城本丸御殿に移り住んだことから「大坂様（殿）」、次男拾《ひろい》（のちの秀頼）を生んだ頃は大坂城二の丸を居所としていたことから「二の丸様（殿）」、秀吉が隠居所として築城を始めた伏見城の西の丸に移ってからは「西の丸様（殿）」と呼ばれた。

このように独立した御殿を持ち、居所にちなむ名前で呼ばれたことは、茶々が天下人豊臣秀吉の妻の一人であったことを内外に示す事柄である。

とはいえ、居所や属性（妻・母）の違いによって変わる呼び名に即して叙述するのは混乱を招くので、以下では彼女の通称である茶々を用いることにする。秀吉が茶々に宛てた書状には「ちやちや」を宛所とするものがあること、大坂夏の陣直前に茶々が片桐且元に与えた書状でも「ちや」（茶々の略記）の署名があることなどから、生涯にわたって通称の茶々を用いていたことが確認できるからである。

誕生の喜び

秀頼が誕生したとき、父秀吉は朝鮮出兵のため肥前名護屋城（現佐賀県唐津市鎮西町）に在陣中であった。拾った子は丈夫に育つという俗信から、幼名を「拾」と名づけさせた。秀頼の兄鶴松が、同じように捨て子は育つという俗信から、「捨《すて》」と名づけたのに早世したためか、秀吉は拾に「お」の字を付けて呼ぶこともならない、つまり粗末に扱えとしていた。

にもかかわらず、秀吉が自筆で書いた書状には、「お拾」と「お」の字が付いているし、「口をすい申すべく候」と秀吉が書いた書状なども残っている。秀吉がわが子秀頼を大切に愛《いつく》しんでいたことは、疑いを入れる余地もない。

何よりも、秀吉は男子誕生の知らせを聞くと、朝鮮出兵を放り投げて名護屋を後《あと》にしたのである。六月二十九日の晋州《チンジユ》城陥落をうけて、朝鮮の在番体制を整えた秀吉は、五万に及ぶ軍勢の帰還を九月まで待ち、ともに京都に向けて凱旋することを企図していた（中野等『文禄・慶長の役』）。八月三日付で秀吉が第一夫人の北政所《きたのまんどころ》浅野寧《ねい》に宛てた書状でも、九月十日頃に名護屋を発《た》ち、二十五～六日頃に大坂に到着する予定と伝えていた（益田孝氏所蔵文書）。

しかし、その同じ八月三日に大坂で茶々が男子を出産した。その知らせは、九日までには名護屋にもたらされ、これをうけて秀吉は、先の書状で寧に九月と伝えた日程を繰り上げて八月十五日には名護屋を発ち、二十五日には大坂に到着した。わずか十一日の行程というのは、かなり急いだことを示している。

というのも、天正二十年（一五九二）に秀吉が最初に名護屋に向かった際には、三月二十六日に京都を発ち、四月二十五日に名護屋に到着しており、一ヵ月をかけている。在陣中に秀吉の生母大政所《おおまんどころ》（なか）の危篤の知らせをうけると、七月二十二日に名護屋を発ち、昼夜をかけて上洛し、八月一日未明に大坂に着いた（『兼見卿記《かねみきょうき》』、以下『兼見』と略記）。九日という急行であったが、母の死に水をとることはできなかった。このののち、秀吉は伏見城普請などを監督し、再び名護屋に向かうが、このときは十月一日に大坂を発ち、十一月一日に名護屋に到着した。つまり、一ヵ月をかけている。これを比較すれば、秀吉

図２　豊臣秀吉画像（高台寺所蔵）

が秀頼誕生に際して、いかに急いで大坂に戻ったかがわかる。もはや秀吉にとって朝鮮出兵の凱旋パレードなどは二の次であり、彼の目にはわが子を抱く自己の姿しかみえていなかったといえよう。

秀頼は秀吉の実子か？

ところが、大政所危篤の際は知らせを聞いた翌日出立したのに対し、秀頼の場合は知らせを聞いてなお七日間を名護屋に滞在したことから、秀吉は「大政所逝去のときほどには大至急で戻っていない」と服部英雄氏は主張する（『河原ノ者・非人・秀吉』六四四頁）。ものもいいようだろう。秀吉は出発予定を十日も早め、急を要する大政所とほぼ同じ日数で戻った。にもかかわらず「大至急」ではない、とするのは、筆者には理解できない。

服部氏はさらに、秀頼は秀吉の実の子ではないことが立証できたとする。その理由は、右のような急を要しない秀吉の態度に加え、八月三日の誕生日から逆算すれば、秀吉の名護屋在陣中に茶々も同陣する必要があるが、茶々が名護屋にいると伝える史料はいずれも京極龍《きょうごくたつ》を誤認したもので、茶々が名護屋にいた形跡がないからだという。

しかし、この服部説は成立しない。なぜなら、茶々が名護屋に在陣している確かな証拠があるからである。その証拠とは、同じく名護屋在陣中の京極高次《たかつぐ》が五月八日付で出した書状（磯野家文書）である。そこには、のちに高次の世嗣となる京極忠高《ただたか》の出生の秘密が書かれている。また、そのような事情から忠高の誕生日は不詳だが、誕生年が「文禄二年」であることは「京極御系図」等から確定できる。つまり、本書状は秀頼誕生の文禄二年八月三日を遡《さかのぼ》ること、わずか三ヵ月前の状況を伝える貴重な書状となる。

京極高次の隠し子騒動

子細は、こうである。名護屋在陣中の京極高次が侍女を懐妊させてしまい、そのことが高次の生母浅井マリアを怒らせてしまった。マリアは敬虔《けいけん》なキリスト教の信者なので、一夫一妻の夫婦関係の尊重を高次に求めていたのだろう。これに義理立てした高次の妻である浅井初が居城の近江八幡山を出て大坂に移り住み、高次とも義絶状態となった。初は秀吉の妻茶々の妹にあたるから、初をないがしろにした事実が露見すれば、秀吉や茶々の譴責をうけるかもしれない。高次はこの危機打開のために、懐妊した侍女を家臣の妻に下して世間の目をごまかし、出生した子はしばらく隠して育てるように画策した。

以下、書状を引用するが、長文に及ぶので、茶々の在陣に関わる箇所のみを示す。幸いに、全文および写真が西島太郎氏の論文（「京極忠高の出生—侍女於崎の懐妊をめぐる高次・初・マリア・龍子—」）に掲載されているので、全体はそちらを参照していただきたい。なお、非常に重要な史料であることから、原文（濁点・読点を補った）と現代語訳を併記する。

（原文）

一、大坂御つぼね《局》、一だん〳〵心へよく候よし、何より〳〵まんぞく《満足》申候、さやうの人お《を》、みな〳〵《皆々》いかほどもたのみ《頼》候て、きげんお《機嫌を》なをり候やうに、さいかく《才覚》せん《専》にて候、とかく〳〵なにと〳〵候ても、わび《詫》事し候はでわ、かない候まじく候まゝ、大かもじ《母文字》へも、よく〳〵御がつてん《合点》ゆき候やうに申候て、たしかに人お《を》御やり候て、御つぼね《局》、又はかいづ《海津》殿、其外、大さか《坂》のとしより《年寄》、女ぼう《房》衆お《を》、ふかく御たのみ候て、しきりに御申、かやうになく候はゞ、成まじく候間、がいぶん《涯分》〳〵其さいかく《才覚》

可有候、いま《今》は、たとへあなたにも、中おなを《を》りたき心中にて候共、大かみさま《上様》などしらぬかほ《顔》にて御ざ候はゞ、いよ〳〵そのぎり《義理》にもこわばり《強張》可申候間、がいぶん《涯分》〳〵大かもじ《母文字》さまから、御つぼね《局》まで御申候て、まづ御かいぢんまへ《開陣前》に、八まん《幡》ゑかへり候ごとくに、さいかく《才覚》候べく候、

又大坂殿、六月御たんじやう《誕生》の事も、はやおんみつ《隠密》にても候はず候、こゝもと《爰元》かくれも候はず候、さだめて、さやうのおりふし《折節》は、大かみさま《上様》御みまい《見舞》に御ざ候はでわ、かない候まじく候間、もしそれまでもかへり候はずは、そのとき、かたく御申候やうに、よく候べく候（後略）、

（現代語訳）

一、大坂御局が一段とよく心得てくれたとのことは何より満足しています。そのような人を誰であってもいかほども頼みとして、（初の）機嫌が直るように才覚することが肝心です。とかく何が何でも詫び事をしなければ叶いませんので、大母文字（マリア）にもよく合点がいくようにいって、確実な人を派遣して、御局または海津殿、そのほか、大坂の年寄・女房衆を深く御頼みして、ひっきりなしに（詫び言を）いうように。そうでなければ許されないでしょう。涯分（力の及ぶ限り）その

才覚をするように。今は、たとへ彼方（初）にも仲直りをしたい心中でも、大上様（マリア）が知らぬ顔をしていれば、いよいよ（マリアへの）義理を立てて（初が）意地を張るだろうから、涯分に大母文字様（マリア）から御局までお話をされて、まず（秀吉様の）御開陣前に八幡山へ帰るように才覚するべきです。

また、大坂殿（茶々）が六月にご出産予定であることも、もはや隠密ではありません。爰元（名護屋）で知らない者はおりません。そのような（ご出産の）折節には、大上様（マリア）が（茶々への）お見舞いをせねばなりませんので、もしそれまでも（初が八幡山に）帰らないようであれば、そのときには強くいい聞かせて善処するように。

大坂の女性たち

まず、高次は「大坂御局」がこの件に理解を示してくれたことに安堵し、誰であっても頼みにできる人物を通して妻浅井初の機嫌が直るように画策することを命じている。「大坂御局」の特定は難しいが、高次が他人行儀であり、「大坂御局」の次に頼みとする人物として「海津殿」の名があるので、「大坂御局」は茶々付の老女の一人ではないかと思われる。

海津局は浅井一族の浅井明政の娘で、海津長門守政高の妻である。妹には、秀頼の老女として仕えた饗庭局《あいばのつぼね》がいる。海津は徳川秀忠の長女千《せん》が秀頼に嫁したのちは千付となり、大坂夏の陣では千とともに大坂城を脱出して江戸に下り、その後は浅井江（茶々の妹、千の母、徳川秀忠の妻）に仕えた。その海津局より上位に置かれている「大坂御局」として考えられるのは、茶々の乳母大蔵卿局《おおくらきようのつぼね》（大野治長《はるなが》の母）だが、茶々が名護屋にいるとすれば大蔵卿局も名護屋にいる可能性が高くなる。

そのほかにも、書中では大坂の年寄や女房衆も頼みとするようにとあるので、この「大坂御局」が誰なのかを特定しがたいが、初を説得できるとすれば、浅井の関係者だろう。『兼見』文禄二年二月十七日条には「大坂御城二ノ丸御局」が京都の吉田兼見のもとを訪ね、翌十八日には同じ女性が「大坂御局」と呼ばれているので、「大坂御局」はこの女性と同一人物の可能性が高いが、そうなれば二の丸とあるので、やはり茶々付の老女となる。

高次の書状では、右に続いて、大坂御局・奥御乳方（初の乳母）・客人（北政所浅野寧の老女）に書状を出したことを伝えている。細かな内容は省略するが、この時期には、京都聚楽城には関白豊臣秀次《ひでつぐ》とその家族が住んでおり、寧の関係者は大坂城本丸に、茶々の関係者は同城二の丸にいた。つまり、右の女性たちは大坂城、あるいはその周辺にいる女性たちであり、そこに高次が名護屋から書状を出したということを確認しておきたい。

茶々の懐妊情報

茶々は天正十七年（一五八九）五月二十七日に淀城で第一子鶴松を生み、同年八月二十三日に淀城から大坂城に移り住んだことから、「大坂様（殿）」と呼ばれるようになった。したがって、六月に出産予定とされた「大坂殿」とは茶々のことである。秀頼の誕生は、実際には八月三日だが、六月出産予定の情報が名護屋で知れ渡っているという。書状の日付の五月八日は秀吉も名護屋在陣中だから、高次が知り得ており、また名護屋で知らない者はいないとする茶々の懐妊情報を当の秀吉が知らないはずはないだろう。したがって、秀吉が五月二十二日付で大坂にいる寧（北政所）に宛てた書状で、「にのまるとの《二の丸殿・茶々》のみもち《身持》のよしうけ給候、めてた《目出》く候」と茶々懐妊に関する喜びを述べたが（名護屋城博物館所蔵文書）、これが秀吉に対して「北政所からはじめて妊娠の報告があった」ことへの返答とするような解釈が成り立たないことはいうまでもない。

さらに高次書状の最後の条文では、次のように秀吉の状況を伝える。

（原文）

一、くれ〳〵そこもとのさいかく《才覚》、ゆだん《油断》有まじく候、たのみ存候、御かいぢん《開陣》は、おそくて七月にて可有候間、其心へ候て、其まへ《前》に御すまし可有候（後略）、

（現代語訳）

一、くれぐれも其所の才覚に油断してはいけません。（秀吉様の）御開陣は遅くても
七月だろうから、そう心得て、その前までに解決するように。

つまり、朝鮮出兵の決着がまだつかないなか、秀吉が遅くとも七月には陣を引き払って上方に戻ることが検討されていた。これは出産予定が六月とされていたことから、茶々が無事に出産すればすぐに秀吉が帰京する予定であり、高次が得ていた出産予定月からいえば遅くとも七月には秀吉が開陣すると考えられていたことを意味しよう。

最後の追而書《おってがき》には次のようにあり、茶々の居所が確定できる。

（原文）

色々多申し候、大さか（坂）殿、御たんじやう（誕生）の事は、いまだ御つぼね（局）の文、其外何《いずれ》へも
不申候間、其心へ可有候、

（現代語訳）

色々と多くを申しました。大坂殿（茶々）のご出産のことは、いまだ御局宛の文やそのほか誰にも伝えてはいません。その心得をするように。

つまり、名護屋では茶々が懐妊した事実を誰もが知る状況となっていたが、まだ大坂には情報が伝わっていないことが心配されたのだろう。高次からは御局以下には何も伝えて

いないので、うかつに情報を漏らさないように心得よ、と口止めしている。仮に茶々が大坂にいるなら御局以下が茶々懐妊の情報を知らないはずはないし、名護屋にまでその情報が届いて誰もが知る状況のなかで、高次がその喜びを伝えないのは極めて礼を欠く行為となる。御局以下に頼みごとをしようとする高次の態度として適切とは思えない。

よって、大坂周辺にいる女性関係者が茶々の懐妊情報を知らない可能性があり、逆に名護屋在陣の男性を含む多くの人々が茶々の懐妊情報を知っている状況からは、茶々は名護屋にいると考えるのが妥当な解釈といえよう。

懐妊場所は名護屋

要するに、茶々は名護屋で懐妊し、五月初旬頃にその事実が公となった。それは、安定期に入って長距離移動が可能となった茶々が、大坂に戻る支度を始めたことと無関係ではなかったろう。そして、秀吉も朝鮮出兵の目途がつき次第、上方に凱旋することが想定されていたのである。

ただし、五月八日の時点で茶々が名護屋を出発していれば、高次としては緊急事態であり、その状況を書中で触れないのも不自然である。したがって、五月八日段階で茶々はまだ名護屋におり、大坂では茶々懐妊と大坂帰城の情報が伝わるか、伝わらないかという微妙な時期だったといえるだろう。

以上のように、茶々は名護屋に同陣しなかったから、秀吉の子を懐妊する可能性はゼロであり、秀頼が秀吉の子である可能性もゼロであるといったような推論は、京極高次の書状の存在によりまったく立論の根拠を失っている。さらに、根拠のない右の推論に基づいて導き出された「秀頼は、秀吉が名護屋在陣中の留守の間に、淫乱な茶々が陰陽師と浮気をしてできた子である」というような説が、推論に推論を重ねた妄論であることは論を俟《ま》たない。百歩譲って秀頼が秀吉の種で生まれた子でなかったとしても（これは歴史学的には誰も証明できないが）、茶々が懐妊したのは名護屋在陣中であるので、秀吉の留守中に大坂城中で問題となった陰陽師《おんみようじ》の子でないことだけは確かである。

秀吉の妻は一人か？

筆者はこれまで繰り返し、浅井茶々は秀吉の第一夫人である浅野寧と同等の妻の扱いをうけてきたことを主張してきた。その一方で、寧の第一夫人としての優位を認めている。つまり、優先順位は寧が先だが、その立場は同等の妻であり、茶々を「愛妾」などと表記する研究書が是正されることを切に願うものである。このことは、ほかの秀吉の妻たちの扱いも同じであり、茶々一人の名誉回復を意図しているわけではない。

筆者が茶々の妾（側室）としての立場に疑問を持ったのは、秀頼の立場を考えるところから始まっている。というのは、公家社会では嫡出子（妻の子）と庶出子（妾の子）とでは官位をはじめとして格差が設けられ、差別的な待遇をうけるから、関白として公家社会に身を置く秀吉が、生まれてくるわが子をわざわざ庶出子という劣性の立場に置いておく必要があるだろうか、という疑問から出ている。ならば正妻の寧を離縁して、茶々を正妻として迎えればよいだけだが、立ち止まって考えてみると、天下人・武家関白の妻が一人でなければならない理由は、制度・経済・倫理・慣習・歴史などのあらゆる観点からみて存在しない。なぜ秀吉の妻が一人でなければならないのだろうか。

Image : TNM Image Archives）
條殿」「加那（賀）殿」

確かに、豊臣家以外の関白家において、正妻が一人、あるいは正妻すら置かずに家女房《いえのにょうぼう》がその役割を代行した事実は考慮すべきだろう。しかし、それは一夫一妻制の成立によるものではなく、経済的困窮により正妻を複数置くことができなかったことが原因である。制度的に複数の

図3　喜多川歌麿「太閤五妻洛東遊覧之図」（東京国立博物館所蔵
太閤の五妻とされたのは，左から「北の政所」「淀殿」「松の丸殿」「三

正妻を置くことのできる天皇家でも、室町から近世初期までは経済的困窮により皇后一人を立てることすらできず、正妻不在の状態が続いていた。

秀吉の遺児として崇められた「秀頼様」

それでもまだ、茶々が秀吉の妻であることを疑う向きもあろう。しかし、たとえば、秀吉が名護屋に到着した様子を伝えた平塚瀧俊（佐竹氏家臣）の書状には、「よどの御台様」も同陣したが、御通りはよくわからなかった、とある（「名古屋陣ヨリ書翰」）。したがって、この書状からは実際に茶々が通行したかどうか不確定ながら、平塚が茶々の通行を期待したことに加えて、「淀」を号とする茶々に対して「御台様」という妻の尊称を用いたことは事実として認めなければならないだろう。「御台」とは御台盤所《ばんどころ》の略で、格式の高い武家の正妻の尊称にあたり、江戸期には将軍の正妻にしか用いない。このほかにも、茶々を「政所」と称した同時代史料もある（一四六頁参照）。茶々を秀吉の妾（「側室」「妾」）と表記するのは江戸時代になってからの史料であるが、その一方で江戸時代になってからも茶々を妻の尊称である「御台所」「御簾中《ごれんちゅう》」「御上様《おうえさま》」などと表記したものも多数確認できるし、図3のように歌麿ですら秀吉の「五妻」と認識している。

以上から、秀頼は秀吉の正妻である浅井茶々から生まれた嫡出子であり、秀吉自身が秀頼のことを実子かどうか疑う要素はまったくなかったと考える。それは、秀吉の溺愛ぶりや、秀頼にとって大切なもう一人の母様《かかさま》である北政所浅野寧が示した愛情の数々、そして秀頼を秀吉の遺児＝「秀頼様」として崇めた多くの人々の存在によっても証明される。しかも、秀吉自身が秀頼の出生に少しでも疑惑を感じていたとしたら、限られた血縁関係者である甥の関白豊臣秀次やその子たちを死に追い込み、豊臣の血筋を根絶やしにする事件は生じなかったのではないだろうか。

母子の情愛

兄鶴松の誕生

天正十七年（一五八九）五月二十七日、秀吉と茶々の間の第一子となる鶴松《つるまつ》が淀《よど》城に誕生した。捨て子は育つという俗信から「捨《すて》」「棄《すて》」と名づけたとされるが、一次的な史料でこの名を記したものをみないため、以下では史料上で確認できる鶴松を用いる。

八月二十三日には鶴松は母とともに淀城から大坂城に移った。大坂城にいた寧《ねい》は、鶴松との対面を済ませると、九月五日には大坂城を出て聚楽城に移った。

天正十八年の小田原出陣に際しては、二月中旬に鶴松と茶々は聚楽城に移った。その後、秀吉が小田原の陣所に茶々を招いたため、鶴松は聚楽城に残された。このようなことが可能だったのは、鶴松が豊臣家の嫡子として豊臣家の女房（奥女中）たちに育てられていたからであり、当然、乳母も複数人が付けられていたと考えられる。

ところが、茶々が小田原に同陣したことをもって、「愛妾である茶々は鶴松の母の扱いをうけておらず、秀吉の正妻である寧が鶴松の母であり、鶴松は寧が育てていた」「茶々は母としての存在を否定された」などとする説があるが、そうではないだろう。武家社会では、正妻や生母が子を育てるのではなく、乳母が育てるのが一般的だからである。

なぜかといえば、母が自ら子を育てると、母子の情が生じてしまい、母は子を戦場に赴かせることができなくなり、子も母を想って戦場で死ぬことを躊躇《ためら》うようになるからである。そうなると、武士として生きることは難しくなる。つまり、鶴松を立派な武将に育てようとすれば、母から離して女房たちの手で育てさせることが武家社会の慣習に基づいた育児であった。したがって、秀吉が小禄の頃ならまだしも、天下人の第一夫人となった寧自身が子育てをしたかのように考えるのも、現代的な家庭感覚を持ち込んだ解釈だろう。

「小姫」と鶴松の死

秀吉には養子・養女が数人いたが、その一人に「小姫《おひめ》」と呼ばれた女児がいる。秀吉の書状によく名が登場するので、とても可愛がっていた様子がわかる。実父は織田信長の次男信雄であり、二、三歳の頃から秀吉の養女となり、豊臣家で育てられた。天正十八年（一五九〇）には徳川家康の三男長丸（のちの秀忠）と婚約したが、翌十九年七月九日に聚楽城に没した。数えの七歳だった。「小姫」に続いて、鶴松も重病となった。七月十七日に聚楽城を離れた鶴松は、淀城に逗留中に発病し、八月五日に同城に没した。数えの三歳だった。

この間には寧も「腹中御煩気」という状態で、秀吉はこれを見舞うため淀城と聚楽城とを往復した。こうした状況から、この時期には何か伝染性の強い病気の流行があったのではないかと指摘されている（渡辺江美子「甘棠院殿桂林少夫人」）。寧の病気は順調に快復したが、幼子二人が命を落とすことになった。

さすがの秀吉も相次ぐ愛児の死に落胆し、八月七日に妙心寺において鶴松の亡骸《なきがら》に最後の別れをすると、十日から十八日まで摂津有馬に湯治に出かけた。年末には関白職とともに聚楽城を甥の秀次《ひでつぐ》に譲り、自らの隠居所として伏見丘陵地帯に築城を開始する。

このような悲しい記憶を持つ秀吉は、名護屋在陣中の五月二十二日に大坂にいる寧に宛てて書状を出し、秀吉の子は鶴松一人であったが、今度の子は「二《（茶々）》の丸殿ばかりの子にてよく候はんや」と書いて送った（名護屋城博物館所蔵文書）。その意図は、子の成長を考えて、次に生まれてくる子は豊臣家の嫡子として女房たちに育てさせるのではなく、生母の手で大切に育てさせてはいかがか、という提案だった。こうして、武家社会の慣習に反し、生母自らが養育にあたることを秀吉が公認したことで、茶々と秀頼は母子の深い情愛で結ばれていくことになる。

生母の乳で育てられた拾

文禄二年（一五九三）八月三日、秀頼は大坂城二の丸に生まれた。情報はその日のうちに周囲に知れ渡り（『鹿苑日録《ろくおんにちろく》』『時慶記《じけいき》』、以下『鹿苑』『時慶』と略記、『兼見』）、秀吉のもとにもすぐさま伝えられた。八月九日付で秀吉は寧に書状を送り、子が丈夫に育つとされる民間習俗にならって松浦重政《まつらしげまさ》が子を拾う役を担ったことを松浦が早々に知らせてきたので、その礼を寧から松浦に伝えること、子の名は「拾《ひろい》」と名づけ、目下《めした》の者であっても敬称の「お」の字を付けて呼んではならないこと、を指示し、最後に名護屋を二十五日には出発して寧に会えるだろうと伝えた（高台寺文書）。

したがって、秀頼の幼名「拾」は父秀吉が名護屋で名づけたものであり、右の書状が大坂城に届くまでは、秀頼は「若公様《じゃっこう》」などと呼ばれていたのだろう。以後は秀吉の命令に反して「お拾様」と呼ばれるようになるのだが、本書では幼少期の秀頼については、秀吉の命令通りに「お」も「様」も付けずに、拾と呼び捨てにしておこう。

さて、秀吉は寧に伝えた内容にもかかわらず、八月十五日には名護屋を出発して、二十五日に大坂城に入り、九月四日に伏見に移るまで十日近くを同城ですごした。その後、秀吉の留守中に大坂城中の奥女中たちが起こした不祥事を処罰する事件が立て続けに生じるが、そのことは拙著『淀殿』に詳述したのでここでは繰り返さない。この事件は茶々が名護屋在陣中の出来事であったため、茶々にその嫌疑が及ぶ理由はなかったが、処罰された奥女中たちの主人であった茶々の不祥事として伝えられ、茶々の淫乱説や秀頼の実子疑惑の根拠とされるようになっていくのである。

拾の乳児期に秀吉が茶々に送った書状には、拾の乳が足りているかどうかを尋ね、茶々の乳がよく出るよう食事をよくとるように指示したり、茶々の乳が足りないと拾の授乳に支障が出ることを心配したりしている（森文書・大橋文書）。

これらのことから、拾の養育にあたっては、生母の茶々が母乳を与えて育てていたことがわかる。第一子鶴松を数えの三歳で失った経験は、茶々においても自らの手でわが子を育て上げようという意志を強くさせた側面があったろう。

二人の乳母

だからといって、拾に乳母がいなかったわけではない。拾の乳母は、右《う》京大夫《きょうのたいふ》と宮内卿局《くないきょうのつぼね》の二人が知られている。『駿府記』『豊内記《ほうないき》』では宮内卿局を「木村長門守母」とするが、『大坂御陣覚書』では右京大夫を「木村長門母」、宮内卿局を「内藤信十郎母」とする。

「内藤信十郎」は、内藤新十郎政勝（一説には長秋）のことだろう。『寛永諸家系図伝』によれば、秀頼に仕え、冬の陣では与力三十騎を率いて戦功があったため、さらに与力二十騎を預けられ、都合五十騎の将となった。夏の陣では、五月六日に木村長門守重成《しげなり》に属して、河内（八）矢尾の辺で討死した。享年は二十一とある。

また、『寛政重修諸家譜《かんせいちょうしゅうしょかふ》』によれば、政勝の父政貞は若狭国の出身で、没落後に居士となって京都に住んだ。政勝には男子が二人おり、長男伊知《これとも》は祖母刑部《ぎょうぶ》卿局《きょうのつぼね》の縁で徳川家に召し出され、紀伊徳川頼宣《よりのぶ》付・七百石で仕えたとある。弟の勝房も頼宣に仕えているから、兄同様に召し出されたのだろう。刑部卿局は、豊臣秀頼の妻となる徳川千《せん》（秀忠の長女）付の筆頭老女だから、「内藤信十郎」の母を宮内卿局とするのは誤りである。

木村長門守重成は伝承が多い人物だが、夏の陣での見事な討死で知られている。「河州若江村御合戦聞書之事」（山口家伝）によれば、「長門守殿は勇者にて生年二十四歳、六尺有、高にして大力、鑓の上手にて、よる程の者つかれ近づく者なし」とあり、立派な体軀の青年若武者であった。享年は、「小笠原秀政年譜」では二十三とするが、「止戈談叢」は十九説をとる。享年二十四であれば文禄元年（一五九二）、二十三であれば文禄二年、十九であれば慶長二年（一五九七）生まれとなる。秀頼は文禄二年生まれなので、十九歳説ではその母の乳を与えることは難しいが、後述するように重成には姉が一人いたので、その乳をあてたと考えられなくもない。したがって、重成の年齢については確証が得られない。母は宮内卿局とするものが多いので、本書では宮内卿局説をとっておく。

なお、拾が生まれた翌年（文禄三）四月二十八日に大坂城を訪ねた関白秀次は、二の丸で秀吉・拾・茶々に対面したあと、続いて「御ちの人」「つぼね」に進物を贈っている（『駒井日記』）。「御ちの人」（乳母）は宮内卿局と右京大夫のどちらなのかは判断が難しいが、一次的な記録では右京大夫、宮内卿局の順で出てくるので、同じ乳母といっても右京大夫の格式が高い。右の「御ちの人」は右京大夫ではないかと思われるが、右京大夫の出自や子についてはよくわからない。「つぼね」は宮内卿局の可能性もあるが、これも確定は難しい。

政母様の愛情

拾には、生母とは別にもう一人の母がいた。秀吉の第一夫人浅野寧（北政所《きたのまんどころ》、のちの高台院）である。秀吉が拾に宛てた書状では、茶々を「か丶さま」、寧を「まんかか」と呼んでいる（大阪城天守閣所蔵文書）。

秀頼が寧に送った自筆書状は、正月一日付（豊国神社所蔵文書）一通、正月四日付（高台寺文書）一通、正月六日付（本法寺文書）一通、十月二十五日付（光勝寺文書）の四通が伝来する。前三者の宛所は高台院なので、寧が高台院を名のる慶長八年（一六〇三）十一月以降の発給となる。秀頼が、出家して一線を退いた寧と交流を続けていたことは興味深い。また、光勝寺文書の差出は「秀頼」、宛所は「まんかゝ様」とある。内容は寒中見舞いであり、年代を特定することはできないが、秀頼自らも寧のことを「政母様《まんかか》」と呼んで親しんでいたことがわかる。

慶長十三年二月から三月にかけて、数えで十六歳の秀頼が疱瘡（天然痘）にかかった。このとき、治療にあたった医者の曲直瀬玄朔《まなせげんさく》（道三《どうさん》、延寿院）に宛てた高台院の書状が残されている（個人蔵）。全文と写真は井上安代氏の『豊臣秀頼』に掲載されているので、以下では仮名消息文を適宜漢字に置き換えた読み下し文を示しておく。

御返しごとながら、細々と御うれしくみまいらせ候、
一、廿九日昼程に大便快く通じ、その後も通じ申し候よし、御うれしく思ひまいらせ候、
一、朔日にはいよ〳〵気色よく、日暮《ひぐれ》の脈一段よく候よし、めでたく思ひまいらせ候、

しかしながら、そもじの御手柄にて候間、満足申す事にて候、書付のごとく、血多くとり候あとにて御入り候ま丶、枯れ木のやうに御入り候事、理《ことわり》と思ひまいらせ候、そもじの御精入れ候ゆへ、かようのめでたき御左右《そう》聞きまいらせ候事、御手柄感じ入りまいらせ候、なをも〳〵御精御入れ候て給い候はば、御うれしく思ひまいらせ候べく候、安堵申す事にて候、まづ申候はんとて、秀頼の御方、患《わずらい》日々に験《げん》の御事にて候ま丶、御心安く存じめし候べく候、返す〴〵も御文みまいらせ候て、かやうの御うれしき事は御入候はず候、そもじ御きづまり候はんと推し量りまいらせ候、なをめでたき事申しうけ給ふべく候、かしく、

三日　　　　　　　　　　　　　　　高台院

道三法印　まいる　　　　　　　　祢

要するに、二十九日の昼に秀頼の大便が通じ、快気に向かったが、それは玄朔の御手柄であり、秀頼が血を多く抜いて、枯れ木のようになったのは理に適っており、お知らせいただいたことは大変うれしく、今後もくれぐれも精を入れて看病してほしい、というものである。うれしさを繰り返し伝え、今後もめでたい知らせを届けてほしいと願ったところに、寧の秀頼に対する愛情の深さがよく表れている。

こののち、十二日にも高台院は玄朔への返事を書き（神宮徴古館農業館所蔵文書）、験になったといっても、それほどまでとは思わなかったが、本当に玄朔の御手柄であり、「数々御うれしく」「さぞ〳〵めでたき事」と繰り返している。寧がいかに秀頼のことを大切に思っていたかがわかるというものだろう。

寧は慶長四年九月に大坂城西の丸を家康に譲り、三本木の京都新城に移ったが、関ヶ原合戦の際に城構えを解き、屋敷構えにして住んでいた。慶長十一年に秀頼は寧のために三本木屋敷の修復普請を行い、寧は出家して高台院と名のって以降も、しばしば大坂城に下り、秀頼や茶々との交流を欠かさなかった（跡部信「高台院と豊臣家」）。こうしたことから近年では、茶々と寧は対立関係にはなく、協調関係にあったとみる説が主流となりつつある（小和田哲男『北政所と淀殿』）。

豊臣公儀の創出——秀頼補佐体制

関白職を甥の秀次《ひでつぐ》に譲り、太閤（関白を辞した人の称え）と呼ばれていた秀吉にとって、世嗣拾《ひろい》の誕生はさまざまな計画の変更を余儀なくさせることになった。その一つは、居所の問題である。

伏見城への移徙

秀吉は聚楽城をも秀次に譲り、隠居所として伏見に普請を始めていたが、文禄三年（一五九四）正月からは本格的に城郭普請を開始する。四月には早くも拾を大坂城から伏見城に移す計画を立てたが、拾が当年二歳であり、鶴松《つるまつ》が二歳で上洛して翌年死亡したことを茶々が強く懸念した。「御子のために絶体絶命に候へば」（『駒井日記』）と、かなり気にしていた様子が伝わる。それゆえ、移徙《わたまし》は来年正月まで延期とされたが、実際には文禄三年秋に伏見城が竣工し、十一月二十一日の移徙となった（福田千鶴「豊臣秀頼研究序説」）。なお、十二月には、養子に迎えていた甥の秀俊（秀秋、寧《ねい》の兄木下家定の子で、秀吉との血縁関係はない）を小早川隆景《こばやかわたかかげ》（安芸三原）の養子に出した。

拾は文禄四年を伏見城ですごした。三月三日には、秀吉と拾への年頭の礼があり、摂家・門跡・堂上《とうしょう》公家・寺社衆が伏見城に参集した。拾を公家社会にはじめて披露する機会であり、進物を献上する側も金品の内容やどのような段取りで進められるのかについて、前田玄以を通じて情報収集に余念がなかった（大阪城天守閣所蔵文書）。後陽成帝《ごようぜい》からは勅使が派遣され、秀頼への年頭の祝儀として白銀二十枚、太刀が贈られた。当初は移徙の祝儀もあると予想され、白銀十枚も届けられたが、これは不要となり、摂家以下も移徙の進物はそれぞれに持ち帰った（『湯殿』『兼見』『北野社家』）。

こののち、四月上旬に拾は麻疹《はしか》にかかったが、これは無事に快復した（『駒井日記』）。

関白秀次の欠落

次に秀吉が変更を迫られたのは、関白秀次との関係であった。

天正十三年（一五八五）九月に秀吉は後陽成帝から豊臣姓を与えられると、以後は配下となった武将たちに豊臣姓で官位を付与して一門として序列化し、羽柴名字を下賜することで擬制的な一族集団を形成させ、豊臣摂関家を頂点とする豊臣一門・

一族体制を構築していった。

天正十九年八月五日に鶴松が没すると、秀吉は秀次に関白職を譲るとともに、豊臣氏《とよとみのうじの》長者《ちょうじゃ》を継承させた。秀次は、同年十一月二十八日付で権大納言、十二月四日付で正二位・内大臣に昇進し、十二月二十八日付で関白宣下となり（実際の勅許は二十五日）、同日付で近衛《このえ》随身《ずいじん》、牛車《ぎっしゃ》、豊臣氏長者を聴《ゆる》された。さらに、翌二十年正月二十六日から二十八日にかけて後陽成帝の聚楽城行幸があり、翌二十九日付で左大臣、さらに五月十七日付で従一位《じゅいちい》に昇進した。関白豊臣秀次の存在は、豊臣一門・一族体制を盤石にするための要《かなめ》であったといってよい。

しかし、拾の誕生から一ヵ月を経た文禄二年（一五九三）九月四日、秀吉は伏見城に秀次を呼び出し、日本国を五つに分け、四分を秀次に譲るとの案を示した（『言経』）。十月一日には生後二ヵ月の拾と秀次の娘（七歳）との縁組を前田利家・まつ夫婦の媒酌で行うよう取り決めた（『駒井日記』）。このように、秀吉の目論見《もくろみ》では、秀次をすぐに廃する意図はなく、拾が関白職を譲りうける日までの中継《なかつぎ》として温存しようとしていた。

秀次は、秀吉の姉智《とも》（法名は瑞龍院日秀）の長男である。弟には秀勝《ひでかつ》・秀保《ひでやす》がいたが、秀勝は文禄元年九月九日に朝鮮巨済島《コジェド》（唐島《からしま》）で病死し、秀保は同四年四月十六日に大和十津川で横死した。親族の死が相次ぐなか、文禄四年七月三日、秀吉は秀次から関白職を剝奪し、八日には高野山に追放し、十五日に秀次は切腹した（藤田恒春『豊臣秀次の研究』）。拾が生まれてから二年にも満たない急展開であった。こうして、秀吉が打ち立てた豊臣一族・一門体制は、秀次という要を失うことで、関白を欠落させることになった。その穴を埋めるべく、秀吉は前田利家や小早川隆景を中納言に昇叙させ、地位の引き上げを図っていくが、老い先短い秀吉にとって大きな墓穴を掘ることになった。

秀頼補佐体制の創出

秀次を高野山に追放すると、秀吉は七月十二日付で石田三成と増田《ました》長盛《ながもり》に連署血判起請文五ヵ条を提出させた。内容は、①拾を別心なく守り立てること、②秀吉の法度・置目を守ること、③拾を疎略にし、秀吉の置目に違反する者は縁者・親類・知音であっても糾明のうえ成敗すること、④置目を命じられた者たちの異見をうけ多分に従うこと、⑤秀吉の御恩に対し子々孫々までも公儀御為をおろそかにせず無二に忠功を尽くすこと、とあり、以上を神々に誓約させた。以下、これを起請文Aと呼ぶ。

これまで秀吉は専制的権力として公儀を前面に出さなかったが、この段階で秀頼や秀吉に仕えるだけでなく、多分の儀に従うという合議による意思決定、および公儀への忠功を持ち出してきたことは注目すべきことである。

七月二十日には、前田利家（羽柴加賀中納言）が単独で宮部《みやべ》継潤《けいじゅん》・前田玄以（民部卿法印）・冨田知信・長束正家《なつかまさいえ》・石田三成・増田長盛の六名に宛てて血判起請文五ヵ条を提出した。第一条では拾の「御もり」を命じられたからには、聊《いささ》かも表裏別心せず、自分の実子よりも大切に思い、すべて疎略なく御為によいように守り立てること、第二・第三・第四条は起請文Aの②③④とほぼ同文だが、起請文A⑤の秀吉の御恩に対して以下公儀云々の文章がない。そのかわりに、第五条では常に在京して拾に奉公し、私的に帰国しないこと、を神々に誓約した。

同日には、宇喜多秀家《うきたひでいえ》（羽柴備前中納言）も単独で同じく宮部以下の六名に宛てて血判起請文五ヵ条を提出した。基本的には前田のものとほぼ同文だが、大きく違うのは第一条で、「御もり」の語はなく、単に拾に表裏別信なく御為よきように守り立てるとなっている。秀家は拾を守り立てはするが、守役を拝命したわけではなかったことになる。

さらに同日には、織田常真《じょうしん》（信雄）・羽柴名字を持つ大名二十六名・井伊侍従（直政）の計二十七名に宮部以下の六名に宛てて同じく連署血判起請文五ヵ条を提出させた。これは起請文A①〜④と同様の四ヵ条に加え、第五条では「諸傍輩に私の遺恨をもって公儀への御述懐存じまじく候、下々の出入の儀は互いに穿鑿《せんさく》の上をもって御批判次第に各《おのおの》の御異見にもれ申まじき事」（読み下し文）とする一条が加えられた。

右の一連の経緯について、藤井譲治氏は「秀吉は、大名に秀頼への奉公を誓わせ、有力大名と奉行衆によって「公儀」を形成させ、それらに「太閤様御法度御置目」を遵守することを誓わせることで、秀吉・秀頼からは相対的に独立した法的主体としての公儀を定置し、なお天下人たりえない秀頼の地位の安定化をはかった」と指摘している（『幕藩領主の権力構造』）。以下、これを秀頼補佐体制と呼ぶことにするが、それを神々に誓約させる形で成立させせようとしたのである。

聚楽城の破却と秩序回復

八月二日には京都三条河原において、秀次の妻妾侍女たち三十数名が惨殺された。秀次には男子三人と女子一人がいたが、これもことごとく命を奪われた（子は五人とする説もある）。父秀次の首を目の前に置き、各人の首を刎ねるという残忍極まりない方法だった。

秀吉は、天正十八年（一五九〇）に妹の旭《あさひ》、同十九年に弟の秀長、文禄元年（一五九二）に母のなかを喪《うしな》っていた。こうして秀次とその家族を喪ったことで、秀吉の血縁関係者は姉の智一人だけとなった。このことは、拾にとっても父方の四親等内の血縁関係者が伯母一人のみという事態を意味した。智が弟の秀吉や甥の拾を恨んでいたかどうかを知る由もないが、秀頼が瑞龍院日秀（智の出家名）に宛てた八月十日付の書状一通が伝来している（瑞龍寺文書）。

久御をとつれ《（訪れ）》不申心より外にて候、御そくさい《（息災）》に御座候や、うけ給たく存候、世も涼しくなり候まゝ、ちと〳〵御下待申候、一昨日、高台院殿御けかう《（下向）》候てまんそく《（満足）》申候、此銀子二百枚まいらせ候、委《くわしく》は大くら《（蔵）》卿より申へく候、めてたく又々かしく、

文中に高台院（浅野寧）とあるので慶長八年（一六〇三）以降となるが、詳しい年代はわからない。秀頼は、智に久しく音信していない不義理を詫び、涼しくなったので大坂に下向するよう望み、一昨日には高台院も大坂城に下向した喜びを述べ、かつ銀子二百枚という高額の進物を贈っている。秀頼は、父方の近しい血縁関係者として、伯母の智を慕っていたのだろう。瑞龍院宛の十月二十七日付の別の一通（京都大学所蔵文書）では、智が大坂城に下向したことへの礼を述べており、右に対応するものかどうかは不明だが、智が実際に大坂城の秀頼のもとへ出向いて交流していたことがわかる。

とはいえ、秀次事件により父系の血縁集団が壊滅したのは間違いない。そうした問題に加え、関白を空白にすることは、豊臣氏長者を宙に浮かせることでもある。秀次を死に追

いやった代償は、計り知れないほど大きかった。秀吉は、これまで築き上げてきた豊臣一門・一族体制を土台から築き直さねばならなくなったのである。

秀吉は、秀次事件後の秩序回復の第一歩として、聚楽城の破却《はきやく》を開始した。平成二十四年（二〇一二）に聚楽城の本丸石垣が京都市上京区須浜町で発見され、大きな話題になった。それまで聚楽城の遺構は北の丸の堀で石垣の一部がみつかっていただけだったので、貴重な遺構として未来に向けての保存が強く望まれるところである。翻って、なぜこれまで遺構がほとんど発見されなかったのかといえば、それほど徹底的に聚楽城は破壊されたからである。その際に、秀吉は秀次事件から約一年半後の慶長二年（一五九七）正月より京都新城の築城を計画するから、なぜそこまで壊す必要があったのかが疑問となる。

しかし、聚楽城は、徹底的に壊さなければならない理由があった。それは、戦国期の城割《わ》りの習俗にある。秀次はすでに死んでいても、自力の象徴である居城を破却しなければ、秀吉を中心とする秩序が回復されない。そこで、聚楽城を象徴的な城割りではなく、徹底的に破却して、更地《さらち》化したのである。そこには、秀次を「敗者」ではなく、「反逆者」（「関白殿御逆意顕形」石田三成書状『伊達家文書』六六四号）とみなそうとする政権側の強い意図が読み取れる。

大老・奉行制の整備

秀次追放の知らせを聞くと、徳川家康・毛利輝元・小早川隆景の三人はすぐに上洛し、「七月中」の日付で起請文を作成した。その案文が、毛利博物館に残されている。原本は確認されていないが、八月三日に毛利輝元が国元の家臣に送った書状（『毛利家文書』七七七号）によれば、昨日登城して「神文」（起請文）を提出し、「東は家康、西は我々（輝元）」に任せられることになり面目が立ったと喜びを伝えているので、実際には八月二日に連署・血判がなされたものとみられる。内容は起請文Aの①②③を継承するものだが、第四条では坂東（東日本）の政務（「法度置目公事篇」）は家康、坂西（西日本）は輝元と隆景が担当すること、第五条では常に在京し、もし帰国する場合には家康と輝元のどちらかが京に残ることを神々に誓約するものとなっている。

翌三日には、大名以下の侍・公家・門跡・寺社などを対象とした御掟・御掟追加が、徳川家康・宇喜多秀家・上杉景勝・前田利家・毛利輝元・小早川隆景の六名連署の形式で発令された。景勝は実際には八月四日に上洛するので（『兼見』）、「御掟」「御掟追加」への署名は後日なされたものと考えられるが、のちの大老に連なる清華成《せいがなり》大名の連署という形式がふまえられている。その点で、秀次事件への対応のなかで法的主体として創出された公儀（合議に基づく意思決定機構）を秀吉が機能させようとしていた意図が確認できるし、これは豊臣政権が制定したほとんど唯一の体系的法令となる（三鬼清一郎『豊臣政権の法と朝鮮出兵』）。

八月三日には、玄以・増田・長束の三名が直轄地からの年貢収支の不正を糾明し、直轄地の年貢率決定や上納金銀の相場決定の手続きを厳正にすること等を誓約する起請文を提出した（大阪城天守閣所蔵文書）。つまり、三人の奉行は代官（直轄地の行政官）やそのほかの役人たちを統制監督する権限を身につけ、これがのちの五奉行の職権として引き継がれていく（大阪城天守閣編『特別展　秀吉家臣団』一二三号解説）。

八月六日になると、宗義智《そうよしとも》（羽柴対馬侍従）以下諸大夫《しょだいぶ》二十二名が玄以・増田・長束・石田の四名に宛てて、連署血判起請文を提出した。内容は、今回の秀吉の大病により不慮の事態となれば、各同心して拾に奉公し、加判中のうちで私の遺恨を持ち込む者がいれば、残る衆中で一統して法度を命じることが誓約されている。ここに「公儀」の文字はないが、「私の遺恨」の否定は、すなわち公儀（諸大夫集団による合意）の尊重であるから、「私の遺恨」のメタファー（隠喩）として公儀が創出されている。

初上洛と初参内

文禄四年（一五九五）二月二十七日の『湯殿』には、秀吉から拾の叙爵（はじめて爵位を与えること）の願いが出て勅許を得たとの記述がある。拾は三歳だった。しかし、これは実現しなかった。

文禄五年正月に秀吉は大坂城で越年し、拾は伏見城で越年した。そのため、諸大名のほとんどが伏見で越年した。正月二十七日には再び拾の叙爵について「奏聞《そうもん》」（天皇に申し上げること）があったが（『孝亮宿禰日記《たかすけすくねにっき》』）、秀吉の病状もあってか、このときも実現していない（藤井譲治『天皇と天下人』）。

秀吉の病気は二月には快復し、十四日に伏見城に移った。これに伴い、来月、拾の昇《しょう》殿《でん》があるのではないかと噂された。拾の乗る車は車輪以下、すべて梨地《なしじ》の蒔絵で作られていたという（『義演准后日記《ぎえんじゅごうにっき》』、以下『義演』と略記）。

また、『義演』二月二十日の条には、次のようにある。

若公号御拾来月辺昇殿云々、当年四歳之故歟、無御元服、御諱・叙爵等内々取沙汰ニ及了、童ニテ御参内云々、鷹司若公（信尚）七歳、近日御元服云々、仍今日見舞遣之、珍重、

つまり、四歳になった秀頼の参内が計画され、諱《いみな》と叙爵が内々に検討された。童《わらわ》昇殿の予定であり、摂関家の鷹司家の若君七歳が近日元服するので本日見舞ったとしている。

童昇殿とは、禁中儀礼の習得等のために、高位の家格の子弟は元服前でも昇殿できる優遇のことである。

文禄五年五月九日に、拾は秀吉とともに初上洛した。籠輿《かご》に秀吉と拾が同乗し、続いて女中の輿五丁が続いた。家康・利家、そのほかの公卿数人が供奉した。

その四日後の十三日午刻には、初参内となった。秀吉・拾・利家・御乳人《おちのひと》・小女三人が同車し、高鑓戸《たかやりど》の近くまで車を寄せ、まず萌黄《もえぎ》色の狩衣を着した拾を利家が抱いて昇殿し、次に御乳人・小女が続き、これに衣冠姿の秀吉が続いた。鬼の間に着座したあと、しばらく休息があり、常御所《つねのごしょ》で後陽成帝と対面し、三献《さんこん》の儀があり、「数刻」を逗留したという(『兼見』『時慶』)。この日、家康は大納言から内大臣に昇進したため、車に乗ることを聴《ゆる》されている。こののち、十五日と十七日に禁中において秀吉による能興行を終え、十七日晩に秀吉と拾は伏見に戻った(『義演』)。再び六月七日に拾は祇園会見物のために上洛したが、その日のうちに伏見に戻った(『義演』『言経』)。

秀頼の諱の初見

こうして元服前の初参内は無事に終了し、拾はこののちも「拾」と呼ばれ続けた。そのため、拾が秀頼の諱を名のり始めるのは、慶長二年(一五九七)九月二十八日に二度目の参内で元服し、叙爵された際ではないか、とする理解がある。

しかし、秀頼の諱は、実は元服以前から使用されている。

文禄五年（一五九六）閏七月十三日、大地震が京都周辺を襲った。伏見城は、天守・御殿をはじめ城門も崩れ落ちた。余震が続き、数日、人々は路上ですごした。後陽成帝も庭上に仮屋を作り、秀吉も仮屋ですごした（『義演』）。そうしたなか、閏七月十九日付で徳川家康と前田利家がちゃあという老女を通じて、拾を大坂城に移すことを提案してきた（藤堂新七郎家文書、原文の仮名を適宜漢字に置き換え、濁点・読点を補った）。

恐れながら致言上候

一、当城御普請損ね申候、御山御普請も、急には出来申まじく候間、御城出来候内、まづ秀頼様大坂へ移し被参候て御尤たるべき哉の事

一、当城御普請を仰付られ候とも、みづ等もよく〳〵御覧じ届けられ、可被仰付哉事、

一、諸侍・下々家等も損じ申候、とても作り直し候ハでハ叶い不申候間、何方にても、御心まゝの所に御座所を仰付らるべき哉の事、

後七月十九日　　大納言（利家書判）

内府（家康書判）

ちやあ
まいる

後七月という日付から、本文書は文禄五年の発給と確定できる。ちゃあは豊臣家の老女だが、徳川家康と前田利家がちゃあを通じて秀吉に意見を上申したところからみて、表向から面と向かって秀吉に伝えることのできない案件が含まれ、奥向の内証ルートを用いて秀吉の意向をうかがったものと考えられる。

そのなかで、第一条に「秀頼様」とあるのは注目される。これは、現段階での秀頼の名のりの初見史料だからである。

「拾」から「秀頼」への改名は慶長元年（一五九六）十二月十七日とする通説があったが、これより遡ることを筆者はかつて指摘した（「豊臣秀頼研究序説」）。その際に初出としたのは、藤井譲治氏が紹介した慶長元年十一月十五日付に比定される暮松《くれまつ》新《しん》九郎《くろう》書状だったので、それを約四ヵ月も遡らせることになる発見である。

この書状をはじめて紹介された三宅正浩氏は、『義演』文禄五（慶長元）年六月七日の条に「拾」の名が記されていることから、名のりの変更が周知されていなかった可能性を認めながらも、改名時期を六月七日以降、閏七月十九日までとした（「閏七月一九日付徳川家康・前田利家連署状について」)。

しかし、このとき、伏見にいた加藤清正が閏七月十五日付で国元の家臣新美藤蔵に宛てた書状(大阪城天守閣所蔵文書)には、次のように「御拾様」とある。

伏見之御城中悉ゆりくツし《(揺り崩し)》候、乍去太閤様・御拾様・政所様いつれも御上之衆無何事候、

内容から、この書状が文禄五年発給であることは動かない。とすれば、「拾」から「秀頼」の改名は、閏七月十五日から同月十九日までの四日間に限られることになるが、はたしてそうだろうか。

図４　豊臣秀頼画像(養源院所蔵)

元服と叙爵

拾の元服にあたり、秀吉が秀頼のために禁裏辰巳角に普請中であった京都屋敷が慶長二年八月に竣工した。そのため、九月はじめ頃に拾が

二度目の参内をするのでは、と噂された。九月八日には拾の禁裏での元服について先例の勅問勅答がなされ（『義演』）、同月二十五日にはまず秀吉が上洛し（『義演』）、二十六日に秀頼が徳川家康以下の諸大名に供奉《ぐぶ》されて上洛し、京都屋敷に入った（『義演』『言経』）。二十八日に参内した拾は元服し（『義演』）、即日従四位下《じゅしいのげ》・左近衛少将に叙任され（『義演』『言経』『湯殿』）、二十九日には左近衛権中将に昇進した。

拾の元服は、秀吉が五摂家（近衛・九条・二条・一条・鷹司）以外ではじめて関白になったために、その先例が問題となり、元服後の官位については、当日正五位下に叙任し、翌日少将に任官するのが妥当という考えが示されていた。しかし、実際にはそれより上位の従四位下・左近衛少将に叙任され、翌日権中将への昇進となった（吉田洋子「豊臣秀頼と朝廷」）。この元服の際に秀頼の諱が確定し、叙位文書が発給されたとみなすのが自然な考えだが、事実としてはすでに一年前から秀頼の諱は家康・利家の知るところとなっていた。これをどう整合的に考えたらよいだろうか。

私見としては、秀頼が初参内する際に叙爵や諱が検討されていたことから、文禄五年五月十三日の初参内までに秀頼の諱が選定されたと考える。というのも、童昇殿の手続きでは、父から童の名簿《みょうぶ》が蔵人に提出され、蔵人弁から天皇に奏上され、これが聴《ゆる》されると名簿が蔵人から出納《すいとう》に下され、宣旨が作成された（服藤早苗「童殿上の成立と変容」）。この名簿奉呈の際には、当然のごとく諱が必要となる。秀頼の童昇殿に際して、右のような手続きがなされたことを記録上で確認することはできないが、叙爵前に諱が必要となる契機を童昇殿の際の名簿奉呈に求めることには無理がないように思える。

さて、ここからは拾ではなく秀頼と記していくが、章を改める前に「豊臣秀頼」という名について述べておきたい。

豊臣秀頼という名

豊臣期の官位制度を検討した黒田基樹氏は、秀吉が諸大名に豊臣姓羽柴名字を与えることで創出した「羽柴体制」に基づけば、「豊臣秀吉」「豊臣秀頼」と呼称するのは適切ではなく、「羽柴秀吉」「羽柴秀頼」と呼称するのが妥当という見解を示された（「慶長期大名の氏姓と官位」）。たとえば、徳川家康を源《みなもとの》家康《いえやす》と呼ぶことを通常はしないからである。

傾聴すべきご指摘だと思い、筆者も久しく検討を重ねてきたが、これまで二十年近く史料を集めてきて、同時代史料はもちろんのこと、江戸期以降の史料においてすら、秀頼のことを「羽柴秀頼」と記したものをみたことがない。

そのなかで、たとえば慶長十二年十二月十三日付願文（『北野天満宮史料』一八九）に「右大臣正二位豊臣朝臣秀頼敬白」、同十八年十一月吉日付観心寺金堂再興棟札に「豊臣朝臣秀頼公御再興也」（『大日本史料』慶長十八年十一月是月条）とあり、いずれにも羽柴名字の記載はない。秀頼が羽柴名字を用いていたなら、諸大名の記載例に従えば、ここは「豊臣朝臣羽柴秀頼」となるが、そのようには決して書かれないのである。

したがって、源氏の嫡流たる源頼朝に名字がないのと同様に、豊臣氏の嫡流たる豊臣秀頼には名字がなかったのではないか。今後、「羽柴秀頼」と記した史料が発見されれば、その際に右の考えを改めることにしたい。

ちなみに、秀頼の「頼」の字の書体として正字の「頼」を用いる史料集などがあるが、秀頼研究を長年続けてこられた井上安代氏によれば、秀頼自身が「秀頼」と書いたものは皆無とのことである。それは、秀頼は自らの名に「負」の文字が入るのを避けていたからではないか、ということであった。これも留意すべき点であろう。

父の死と関ヶ原合戦

伏見城における秀吉の死

再び伏見城へ

秀頼は慶長元年（一五九六）十一月十八日に、伏見より大坂城に移った。翌慶長二年、木幡《こばた》山に伏見城が築き直されると、まず五月五日に秀吉が「殿守丸」に移徙《わたまし》し、十四日には秀頼が「御船入の御殿」に入った。これは西の丸作事が終わるまでの仮居とされており、西の丸は未完成だったとわかる。船入の秀頼のもとには、増田長盛《ましたながもり》・長束正家《なつかまさいえ》・瀬田掃部・宇喜多秀家《うきたひでいえ》が在番として詰めた（福岡市博物館購入文書）。秀頼の伏見移徙により、近日の参内が噂されたが（『義演』）、九月の元服まで上洛はなかった。五月十七日には伏見城において、秀吉と秀頼に年頭・移徙の惣礼があった。

慶長三年四月十八日は、三度目の参内となった。茶々の老女大蔵卿局《おおくらきょうのつぼね》と秀頼の乳母

表1　豊臣秀頼の居所

	大　坂	伏　見	京　都	備　考
文禄2	8/3誕生			
文禄3	→11/21発	→11/21着		
文禄4				7/15秀次自害
慶長元		→5/9発→	5/9着	5/13参内（童昇殿）
		5/17着←	5/17発←	
		→6/7発着⇄	6/7祇園会	
	11/18着←	11/18発←		閏7/13京都大地震
慶長2	→5/14発→	5/14着		
		9/26発→	9/26着	9/28参内（元服）
		10/12着←	10/12発←	
慶長3		→3/15発着⇄		3/15醍醐の花見
		→4/15発→	4/15着	4/18参内
		5/1着←	5/1発←	8/18秀吉没
慶長4	1/10着←	1/10発←		

右《う》京大夫《きょうのたいふ》も同行し、小御所にて長橋局より折・御強《おこわ》（赤飯）や菓子を供された（『湯殿』）。このとき、秀頼を大納言に昇進させる旨が伝えられたが、これは辞退し、中納言に落ち着いた（『湯殿』）。二十日に禁中で陣儀《じんのぎ》があり、秀頼は正式に中納言に任じられた。

　四月二十二日には、来る二十四日に京都屋敷で秀頼昇進の礼がある旨が触れられ、同日公家・門跡・寺社が礼に出向いた。申次《もうしつぎ》は池田輝政と別に一人がおり（名は不詳）、進物を申次に取り渡す役は徳善院（前田玄以）であった。このとき、秀頼は六歳であったが、一段と成人しており、とくに大中小の盃で一杯ずつ飲んで膳を下げることを三回繰り返す三献《さんこん》の儀式のあいだも着座したままの長座に耐えたのは「奇特」なことと評された。この場になぜか父秀吉はおらず、伏見ですごしていた（『義演』）。五月一日には秀吉が秀頼を迎えに上洛し、その日のうちに父子は伏見城に戻った（『言経』）。

西笑承兌がみた政局

秀吉のブレーンとして仕えた京都五山相国寺《しょうこくじ》の西笑承兌《せいしょうじょうたい》は、（慶長三年）六月二十七日付で会津在国中の上杉景勝に書状を送った。第一条で秀吉の病状を述べたのち、第二条では次のように上方の様子を説明した（『西笑和尚文案』）。

一、来年者於大坂御屋敷可有御普請之由候、東国・北国之御衆ハ於大坂御屋敷可被参之由候、九州・中国之衆ハ伏見ニ可為御屋敷之由候、大坂ニハ秀頼様御居城之由候、伏見者政所様御座候て御隠居之由候、太閤様者伏見ニ三分一可被成御座之由被仰候、

つまり、来年から大坂屋敷の普請が始まる予定で、その理由は東国・北国衆は大坂に、九州・中国衆は伏見に屋敷を構えることになったからで、大坂は秀頼の居城、伏見は寧《ねい》（「政所」）の隠居城とし、太閤秀吉は年の三分の一を伏見ですごす予定とある。この構想では、秀吉の健康快復を前提に、東国の徳川家康や北国の前田利家は大坂、九州の小早川《こばやかわ》

隆景《たかかげ》や中国の毛利輝元・宇喜多秀家は伏見に分かれ、秀頼を補佐する計画であったことになる。

続く第三条では、加藤清正が朝鮮との扱い（和議）を提案し、秀吉も「秀頼様の御ためなので、高麗が詫び言を入れるなら免じてやろう」との意向を示されたので、今の様子ならば和議は調うだろうと告げ、景勝の上洛を待つと結んでいる。秀吉は明との講和交渉が決裂し、慶長二年より再び朝鮮出兵を開始していた。その戦局が膠着《こうちゃく》するなか、朝鮮出兵を中止する理由も、すべて秀頼のためであった。

伊達政宗がみた政局

陸奥岩出山の大名伊達政宗は朝鮮出兵には動員されなかったが、かわりに伏見城修築普請を課せられ、上方《かみがた》（畿内）ですごしていた。（慶長三年）七月一日には九州出張中の石田三成に書状を送り、中央政局のあわただしい様子を伝えた（「諸家所蔵文書写」）。

その内容は、「秀頼様はいまだ幼少なので、以後は家康と利家に預けて「後見」（「御うしろ見」）させ、どのようにでも取り立ててほしいとのことで、仲の悪い者たちも残らず仲直りをさせ、一統の奉公を命じられた。また、「秀頼様」を大坂に移し、北国・東国の大名はみな大坂に移すため、家などの引越料（銀子・俵粮）が与えられ、六月二十八日には家康から招集されて米・銀の「御朱印」を拝領した。さらに、「御諚」として仲直りが命じられ、逆らえずに一座一和となったが、心底から和談したとは思えない（「争心底和談可仕候哉」）。もし三成が上洛すれば、浅野長政との仲直りも命じられるはずだが、そのときは政宗も「愚存」を言上したいので、三成とは奥底から意思を通じ合いたい（「奥底懇に可得貴意候」）」というものである。

家康と利家を「後見」として秀頼とともに大坂に置き、大坂は東国・北国大名、伏見は九州・中国大名に分ける計画は、大名にも通達され、実行に移されつつあった。加えて、秀吉が有力武将たちの関係修復に努力していたことがわかる。

政宗は奥羽仕置以来、浅野長政に深い遺恨を持っていた。他方、家康からは指南をうける関係にあり、秀吉死後は早々に娘五郎八《いろは》を家康の六男忠輝と縁組させて徳川家との縁戚関係を結んだ。三成とは心底からの信頼関係にあったはずの政宗だが、関ヶ原合戦では徳川方に付き、三成と戦った。秀吉から一座一和を命じられた裏で、大名たちが離合集散の駆け引きを繰り返していた様子が垣間みえる。

政宗は、八月二十日付の自筆書状（宛所不詳）では、国元の一揆に対する用心を命じつつ、秀吉の病状はよくないが、不慮のことがあっても「秀頼様」がいれば天下に異儀はないと記した。このときすでに秀吉は没していた。政宗がその情報を知らずに、このようにに、このように書いたのかどうかは、なお検討を要するだろう。

上杉景勝と毛利輝元

（慶長二年）八月十日付で秀吉が朝鮮に在陣中の鍋島直茂・勝茂父子に宛てた朱印状（大阪城天守閣所蔵文書）では、明国の軍勢が朝鮮の都より五日路か六日路の近さに陣取るようなら、即刻対陣をとって急ぎ秀吉に報告するよう求め、京都の留守として秀頼には家康・利家・上杉景勝を付けて置き、そのほかの人数は後より追々出陣を命じ、まずは秀吉自身が二十騎、三十騎ばかりで渡海し、即刻に討ち果たす、と朝鮮出兵継続の意気込みを伝えた。秀吉渡海後に秀頼を補佐する形で、国内政務を三人の大名に委任する体制は、死の一年前から構想されていた。その後、景勝は在京中の慶長三年正月に陸奥会津に国替えとなり、領国統治のため会津に下った。秀吉の死を知ると、九月中旬には会津を発ち、十月上旬までに上洛した。慶長四年八月には再び会津に戻り、翌年には家康と対立して関ヶ原合戦となる。

一方、毛利輝元は、朝鮮在陣中の慶長二年九月に発病して帰国し、十二月に上洛して、同五年六月に帰国するまで在京を続ける。上洛するとすぐに秀吉に対面を許され（十二月二十三日）、伏見城の奥に近い座敷に招かれ、秀吉から懇《ねんご》ろな言葉をかけられた。体調不良の秀吉が誰にも対面していないなかでのことであり、その場には秀頼も呼ばれていて、輝元は父子から、のし柿や饅頭をもらった。さらに、秀吉から炬燵にあたるよう勧められたが、遠慮していると、秀吉がそっと炬燵に手を入れ暖めてくれた。輝元は「このような気詰まりの忝《かたじけ》ないこと」と、秀吉の気安い態度に驚きながらも、特別の扱いに感激した様子であった。同席者は、石田三成と増田長盛の二人のみだった（『萩藩閥閲録《ばつえつろく》』榎本織衛家文書）。

秀頼は数えの五歳。炬燵にあたる父の横で、のし柿や饅頭を食べる無邪気な姿を想像すると、なんとなく長閑《のどか》な光景だが、秀吉としては幼い秀頼を輝元に引き合わせ、情を深めさせようとしたのだろう。こうした機会は一人輝元だけに設けられたわけでもなかったろうが、自分だけに特別の対面があったと喜んでいるところが、いかにも輝元らしい。

秀吉の最期

輝元家臣の内藤隆春が八月十九日付で出した書状は、死を目前にした秀吉が大名たちと最期の別れをした九日の様子を克明に伝えている（『萩藩閥閲録遺漏』）。長文ではあるが、以下に現代語訳を示す。なお、原文のままの引用は「　」で示した。

（前略）

一、去九日に大名衆が召し寄せられ、ご対面がありました。太閤様は上段におられ、種々の唐物を敷かれ、脇息《きょうそく》に寄り懸かられ、青い小袖に紅《もみ》の裏付をお召しになり、側には女衆が五人と露庵という針打ばかりが伺候していました。

一、左座には「家康・前田殿《（利家）》・伊達《（政宗）》・宇喜多《（秀家）》・宰相様《（毛利秀元）》」の五人、右は「殿様《（輝元）》」お一人だけだったそうです。

一、お煩いが快気するのは難しいとお話になるお声は、いかにも幽《かす》かな様子でしたが、御一期後のことなどをお話になるときは、扇にて畳をおたたきになり、いつもの御気色のようでございました。

一、「家康」への御意には、毛利とご相談された子細は、備中清水城《（高松）》攻めのとき、「信長」に対して「明智」が思いのままの所業に任せたので、毛利と御神文を取り交わした際、毛利は「表裏事本式者」（物事の裏も表も正式に行う人の意か）とお思いになった由で、西国の儀を任せ置かれるとのことです。ちょうど実子が生まれた由なので、御家の儀は「松寿様《（秀就）》」へ渡され、「宰相様《（秀元）》」へは出雲・石見両国に今銀山を副えて渡され、本銀山は「輝元」が統治するようにとのことでした。「宇喜多」の娘は御親類であり、ここ一、両年ほど太閤様のもとに置いていたので、「松寿様」

と縁組させるとのことでした。「宇喜多」は「輝元」が目をかけて、万一相違のことなどがあれば頸をねじ切るようにとのことで、ただし「輝元」は「本式者」なので、すべてにおいて用捨があるだろうから、「家康」が命じるのがよい。そうでなければ、「草陰より太閤頸を切《きりま》する」と、「宇喜多」に言い聞かせられました。

一、「家康」とご相談された子細をも、「殿様《（輝元）》」へ御物語なされたとのことです。両家を無二のこととして相談したからには、「お拾」のことに気遣いはなく、成人姿をみることはできないが、「お拾」を各々がそばに置いてくれれば「王位」が廃れることはない。「東西は家・輝両人、北国は前田、五畿内は五人の奉行」が異儀なくすれば一向に別儀はない。高麗《（朝鮮）》は引き上げさせるが、「お拾」に考えがあって弓矢をとろうと思えば心次第にすればよく、別条はない、と語られ、御盃となりました。

「今日計《ばかり》の御対面御残多《おのこりおおし》」

といわれて、各人に御酒をすすめられ、内へお入りになりましたが、また家康・輝元の二人ばかりを呼び返され、立ちながら、

「お聞ゝ《きき》たる事は弥《いよいよ》不可有忘却候《ぼうきゃくあるべからずそうろう》、頼むぞよ〱」

と仰せになり、御手を打ち合わせられたそうです。

これを聞いた佐世元嘉も、これほど（意識が）明白なることは前代未聞であり、余り切り離れた御気分なので、結局は御快気になられるのではないかと申されたとのことです。また、日本始まって以来の名将であると、天下では評判しているそうです。

一、「松寿様」には御存命中に御対面したいと仰せ出されました。明後二十一日に「御袋様」とともに御上駕なされます。普請衆のこともお触替えがあり、四人役で本人も出立する必要があるそうです。早々に人数を上らせてください。これは「家康」より当家へ伝えられたと申しています。

（以下、三ヵ条略）

佐世元嘉から内藤隆春が聞いた情報をさらに内藤元家が得たものなので、多少の誤伝はあるだろうが、かなりの臨場感がある。また、秀吉は快気するのではないか、とみられていたが、書状が記された日には秀吉はすでに黄泉路へと旅立っていた。

秀吉の遺言

秀吉の自筆による遺言の写しが、毛利博物館に伝来している。宛所は、家康・利家・輝元・景勝・秀家の五人の衆である。

返々秀より《（頼）》事たのミ《（頼）》申候、五人のしゆ《（衆）》、たのミ《（頼）》申候〳〵、いさい《（委細）》五人の物《（者）》ニ申

わた《（渡）》し候、なこり《（名残）》おしく候、以上、
秀より《（頼）》事なりたち《（成り立ち）》候やうに、此かきつけ《（書付）》候しゆ《（衆）》として、たのミ《（頼）》申候、なに《（何）》事も此《この》ほか
にわ《（は）》、おもひのこす事なく候、かしく、

秀頼が成り立つように五人の衆に頼むもので、委細は五人の者に伝えてあるという。

また、八月五日付で、次のような置目を定めた（早稲田大学図書館所蔵文書、現代語訳）。

一、家康・利家・輝元・景勝・秀家の五人の縁組は互いに申し合わせをすること。
一、家康は三年在京すること。用事があるときは秀忠が帰国すること。
一、奉行五人のうち、徳善院・長束正家の二人を一番とし、残る三人のうちで一人ずつ伏見城の留守居を担当すること。
一、大坂城は右の奉行の内、二人ずつが留守居をすること。
一、秀頼が大坂入城後に諸侍は妻子を連れて大坂に引越すこと。

この遺言状では、家康以下五人の役割分担が明記されていないが、浅野家文書に伝来する遺言では、徳川家康・秀忠父子は伏見城にいて秀頼の祖父・舅として秀頼を取り立てる、前田利家・利長父子は大坂城で秀頼の守役として秀頼を取り立てる、宇喜多秀家は秀吉の養女豪（利家の娘）を妻としており、秀頼とは縁戚関係にあるので、五人の年寄と五人の

奉行の間を取り持つ役とした。ただし、輝元・景勝には「秀頼の取り立て」を頼むだけで、特段の役割は課されていない。

内藤隆春書状にあった「西は輝元、東は家康」という言説は、秀次事件の際に起請文を提出した様子を告げた輝元の書状にもみられたが、遺言状には出てこない。また、秀頼の守役として家康と利家をともに大坂に置く計画は、秀吉の死を想定して大きく変更され、家康は伏見、利家は大坂に改められたことがわかる。とはいえ、ここに「秀頼の成り立ち」、あるいは「秀頼の取り立て」を土台として取り決められた秀吉の遺言によって行動を規定される五人の集合体が成立した。これを通説に従い、本書では「五大老」と呼んでおく。

※筆者の経験知に基づけば、「成り立ち」は命が続くこと、「取り立て」は目をかけて相応の地位に引き上げていくこと、これらに類似した「守り立て」は、幼少の者を後見して成人させること、という違いがある。

第三条の奉行五人、また秀吉自筆の遺言における「五人の物」は、徳善院《（前田玄以）》・浅野長政・増田長盛・石田三成・長束正家である。義演は八月七日の日記に、秀吉の病気により、この五人に「日本国中の儀」が命じられたと記しており（『義演』）、広く周知されていた。

先の内藤の書状では、五人の奉行は「畿内」を扱うとしており、担当領域に違いがあるが、この五人を通説に従い「五奉行」と呼ぶことは問題ないだろう。

※ただし、五奉行たちは自らを「年寄」、五大老を指して「奉行」と称することがある。

すなわち、秀吉が死の直前に秀頼補佐体制として整えた五大老・五奉行制は、秀吉の遺言という呪縛のなかで、とりあえずは勢力均衡を図る努力を続けることになった。加えて、秀吉の法度・置目や過去に提出した起請文も遵守すべき呪縛であった。

八月十八日、秀吉は伏見城本丸奥座敷で静かに息を引き取った。

「お聞きになった事はいよいよ忘却してはなりませんぞ、頼むぞよ、頼むぞよ」

秀吉の幽かな声は、いつまで人々の耳にこだましていただろうか。

大坂城をめぐる秀頼と家康

隠された秀吉の死

慶長三年（一五九八）八月八日に家康は五奉行に宛てて、本日、（秀吉様が）直《じか》に仰せ出された趣を忘却せず、「秀頼様」に奉公すること、これは嫡子秀忠にも聞かせ、同様に奉公すること、隠密に仰せ出されたことは他言しないことを誓約した。前田・宇喜多も同様の起請文を提出した。五奉行は十一日付で家康・利家・秀家に対して、「秀頼様」への奉公、五大老との連携、五人の奉行相互が入魂に参会することを誓約し、秀吉死後の八月から九月はじめにも再び相互に起請文を交わして「秀頼様」への奉公を誓約した。九月五日には家康・利家・秀家・輝元の四人連署で、朝鮮在陣中の小西行長と宗義智《そうよしとも》に宛てて朝鮮との和議交渉を進めるよう指令が出された。

この後、景勝の上洛により五人連署状が発給されるようになり（十月十六日付脇坂安治宛五大老連署状、大阪城天守閣所蔵文書）、五大老は機能し始める。

一方、秀頼の大坂城移徙《わたまし》の準備も始められ、八月十四日には大坂城の番体制が整えられた（表2）。醍醐寺三宝院座主《ざす》の義演は、八月二十九日に秀頼の息災祈禱を依頼され、翌九月から毎月、秀頼の誕生日の三日にあわせて息災祈禱を行い、巻数《かんじゅ》を献上するのが恒例となった。隠されていた秀吉の死は年末に公表され、五奉行は元結いを払って髻《まげ》を切り落とし、秀吉の喪に服した（『義演』）。秀吉は京都阿弥陀ヶ峰《あみだがみね》に埋葬され、翌四年に豊国大明神《とよくにのだいみょうじん》として祀られた。

その間の慶長四年元旦、秀頼は伏見城で諸大名から年頭の礼をうけ、正月十日に大坂城に移った。以後、二条城会見のため上洛するまで、秀頼が大坂を離れることはなかった。

五大老・五奉行制の亀裂

秀吉が定めた法度・置目や遺言に基づきながら、五大老・五奉行のもとで当面の政治は進められたが、これは死後から半年をすぎると、早くも亀裂が生じ始める。

まず、慶長四年閏三月三日に前田利家が没したことで、五大老制の一角が崩れた。ただし、利家の跡を引き継いだ利長が五大老連署状に署名しているので（四月一日付島津義久・同忠恒宛五大老連署状、島津家文書）、五大老制そのものが崩れたわけではないが、利長の署名は日下《にっか》（日付の下）という五大老の最下位であり、家康に次ぐ地位にあった利家と同じではなかったから、秀吉の描いた勢力均衡の構図が崩れ始めたことになる。

続いて加藤清正ら七将が石田三成を糾弾し、三成が領地の近江佐和山城に閉居する事件が生じ、五奉行制の一角も崩れていく。このときの毛利輝元の書状には、三成が天下のことに関知しない条件で決着したとある（「天下事無存知候様との儀候」厚狭《あさ》毛利家文書）。輝元は増田長盛《ましたながもり》も同罪とみていたが、この段階では三成のみが公儀の意思決定機構＝大老・

表２　大坂門番配置

本丸表門番	宮部法印継潤
本丸裏門番	小出播磨守秀政
二丸表門番	森嶋長次 桑山市右衛門 田那部与左衛門 乾図書 江司孫右衛門 中村弥介 三宅善兵衛 山県小左衛門 長井弥右衛門 杉山休息 土岐休庵 川北久介 丹羽将監 伊木長右衛門
二丸裏門番	矢野左京亮 江村久目 森甚七 吉田豊後守 下方市左衛門 塩谷二郎左衛門 塩屋駿河守 平野大炊長治 片岡長兵衛
玉造口門番	木下肥後守家定
堺口門番	生駒雅楽頭親正
青屋口門番	小出播磨守秀政
京口門番	桑山法印重晴
千畳敷殿守之間番所	石川紀伊守康次 蒔田主水政勝

出典　「大坂御番之次第」.

奉行制から排除された。天下に言及がある点からは、世間は三成が天下人の地位を狙っているとみたのだろう。三成とて人の子だから、どこまで本気で秀頼を奉じるつもりでいたか、怪しいところがある。

一件落着後の閏三月十三日に、家康は伏見向島の自邸から伏見城西の丸に居を移した。これを聞いた奈良興福寺の僧英俊は、家康が本丸に入ったと勘違いし、「天下殿」になったと日記に記した。そうした世評は家康の耳にも届いただろうが、家康自身の態度はその後も慎重だった。同月二十一日付で家康が輝元に宛てた起請文（毛利博物館所蔵文書）では、「今回「天下の儀」について各人から申分（主張）があったが、秀頼様を疎略にしないことは当然であり、今後も輝元とは表裏別心なく兄弟のように取り扱う」と誓約し、輝元と同様の大老の地位に留まる姿勢をみせた。とはいえ、おそらく家康が兄で輝元が弟だろうから、二人は兄弟のように親しみを持って接するとともに、兄分・弟分という上下関係に置かれることになったわけである。

秀吉遺言の効力

慶長四年（一五九九）八月十四日に家康が禁裏に参内すると、後陽成《ごようぜい》帝は常御所《つねのごしょ》で対面し、家康を室町将軍や秀吉と同等に扱う応対をした。これは、天皇の側が、事実上、家康が天下人であることを承認したことを意味するが、形のうえでは豊臣政権の、筆頭とはいえ、なお五大老の一人にすぎなかった（藤井讓治『天皇と天下人』）。世間や天皇の認識がどうあれ、関ヶ原合戦前の家康の態度をみる限り、その立場は公儀の意思決定を担う大老の一人として振る舞っていた。秀吉の死後も、大老・奉行による合議体制は新たな提携と協調を生み出しながら機能し続けていたのである（跡部信「秀吉独裁制の権力構造」）。

たとえば、輝元は慶長四年閏三月頃の情勢について次のようにみていた（厚狭毛利家文書、読み下し文）。

一　上様《（豊臣秀吉）》仰せ置かるるの由候て、昨日内　府《（徳川家康）》・景勝《（上杉）》縁辺の使、互に増　右《（増田長盛）》案内者にて調候、内心はそれにはすみ候はず候、公儀は上様《（秀吉）》御意まゝと景勝は申さるる由候へども、是もしれぬ物にて候〳〵、とかくはやよはめ《（弱　目）》に成行候間、爰《ここ》は分別のある所に候、

秀吉の遺言により徳川・毛利両家の婚姻が増田長盛の仲介で調ったが、双方の内心はそれで済むはずはなく、上杉景勝が「公儀」は「上様御意まゝ」と述べたことも不信という。すなわち、絶対君主としての天下人秀吉が健在であれば、公儀は上意（天下人秀吉の意思）次第であり、絶対服従だが、天下人不在の状況下では、遺言が上意であろうと、その

効力は弱まっており、ここは思案のしどころだということだろう。

実際にこの後に、徳川と上杉が正式に婚姻関係を結んだ形跡はない。その反面、家康が秀吉遺言に反して私婚（無許可の婚姻）を進め、四大老・五奉行から譴責された経緯はよく知られている。

ただし、関ヶ原合戦後に家康が島津追討のため徳川秀忠の派遣を検討した際には、「太閤様御置目」の通り路次筋諸城へ番手を置くよう福島正則・黒田長政に命じている（『毛利家文書』）。合戦後も秀吉置目は効力を失わなかったし、この事例のようにそれを積極的に利用することが効果的な場面もあった。家康は秀吉の法度・置目や遺言をすべて無効にし、豊臣政権の公儀を真っ向から否定する必要があったかのように思われがちだが、社会構造の変革は紙の上に文字で書けばすぐに実現するような簡単なことではないから、前政権の遺物であろうと、利用できるものは利用すればよいのである。

要するに、家康としては、秀吉が遺した秀頼補佐体制やもろもろの事柄の改編を意図した際に、「違背」「恣意」「私曲」などと批判・糾弾されるのではなく、「上意」「御諚《ごじょう》」として受容される政治状況を創出できればよかったといえよう。

大坂城勤番定書　慶長四年（一五九九）正月、秀頼が大坂城に移るにあたり同城の勤番の人員が定められた（徳川林政史研究所蔵「古案　秀吉」）。

第一条では、秀頼の面前にいつでも伺候できる者は、次の十六名とされた。

江戸内大臣（徳川家康）　加賀大納言（前田利家）
江戸中納言（徳川秀忠）　備前中納言（宇喜多秀家）
安芸中納言（毛利輝元）　会津中納言（上杉景勝）
羽柴肥前守（前田利長）　徳善院（前田玄以）
浅野弾正少輔（長政）　石田治部少輔（三成）
長束大（大）蔵少輔（正家）　増田右衛門尉（長盛）
石川備前守（光吉）　石田木工頭（正澄）
石川掃部介（一宗）　片桐市正（且元）

五大老・五奉行、および家康世嗣秀忠、利家世嗣利長に加え、後述する秀頼四人衆となっている。

また、一日一夜ずつ交替で城中に詰める詰番は、次の二番編成が定められた。

壹番

杉原伯耆守（長房）　堀加賀守　毛利河内守（秀秋）　羽柴孫四郎　宮部中務（継潤）　同おきち（宮部才吉）　浅野右兵衛（長晟）

伊東美作守　木松虎松　橋本中務　山中紀伊守（幸俊）　加藤源吉（五）　村井右近（右近大夫）　伊東武蔵

蜂屋勝千代

二番

大野修理大夫（治長）　石田主水　左地市蔵　羽柴長吉　山口左馬助（弘定）　奥おかね　毛利長門守（秀元）

大（土）方丹後守　山岡弥平（源）次　生駒下野守　小西式部少（大）輔　長谷川吉左衛門　石田右（左）近

青山右衛門大夫　木村右京　堀田清十郎

常に大坂城に詰める定番は、暮松越後守（新九郎カ）・徳原八蔵・菊阿弥の三人である。定番・詰衆以外で秀頼のもとに伺候できるのは、増田兵部少輔（盛次）（大）・長束兵部少輔（長吉）・石田隼人（重成）・前田主膳（茂勝）の四人である。これ以外の者は、用もなく参上すれば、当番として改めること、とされた。進物をもって御礼を言上できる者は、公家・門跡・国大名までとし、出仕の際は前田利家・利長父子のうち一人が取次（奏者）を勤めることとし、右の者以外は心安く進物をもって秀頼に目見えをしてはならないとした。

秀頼四人衆

最後の条では、石田木工頭（正澄）・石川備前守（光吉）・石川掃部介（一宗）・片桐市正（且元）の四人は、大坂城内二十四人の者の行儀や女中・若衆の狼藉等を隠すことなく言上すること、詰衆・御咄衆《おはなししゅう》の退出後は、掃除坊主以下が唐門より外出するような用事であっても、夜中によらず（秀頼の）御用時には四人のうち当番の者が登城すると取り決められた。

唐門は表御殿玄関に一番近い出入口である。四人の役務は御殿内風紀の監視と秀頼の諸用を奉《うけたまわ》ることにあり、御殿内で生じた問題を言上する先は、この条々に連署した五大老・五奉行だろう。この四人は第一条でいつでも秀頼のもとに伺候できる者の内に入っており、五大老・五奉行に次ぐ重職として豊臣家の実質的運営を担い、茶々や秀頼のそば近くに接する立場にあったとみなされる。本書では、この四人を仮に秀頼四人衆と名づけておく。

石田木工頭正澄は石田三成の兄で、近江国内で一万五千石を領した。秀吉が設定した十人衆の一人として訴訟等を取り扱い、堺政所としての役務も担っていたが、慶長五年（一六〇〇）九月十八日に近江佐和山城内で自決した（享年四十五）。

石川備前守光吉（貞清）は、秀吉六人衆の一人、石川伊賀守光重の次男で、尾張犬山城主一万二千石であり、関ヶ原合戦では犬山城に籠城して徳川方と戦った。戦後、池田輝政の仲裁で助命されたが、所領没収となり、名を宗林と変えて京都に暮し、寛永三年（一六二六）四月八日に没した（享年不詳）。

石川掃部一宗（頼明）は、同じく石川光重の四男で、播磨・丹後国内で一万二千石を領していた。関ヶ原合戦では石田方として緒戦に加わり、その罪により慶長五年十月七日に切腹を命じられ、首は三条河原に晒された（享年不詳）。

光吉の妻は石田三成の娘であり、一宗の妻は宇多下野守頼忠の娘で、三成の妻とは姉妹の間柄にあった。また、三成は石川光重の後継者として秀吉側近衆のなかでの地位を浮上させ、光重の三子（光元・光吉・一宗）の後楯となっていた（寺沢光世「秀吉の側近六人衆と石川光重」）。

片桐且元（一五五六〜一六一五）は近江出身で、且元の父直定は浅井《あざい》長政に仕えた。且元は秀吉に仕え、賤ヶ岳《しずがたけ》七本槍の一人に数えられ、関ヶ原合戦では大津城攻めに加わったが、戦後は秀頼衆の一人として重責を任うようになる。

要するに、秀頼四人衆のうち、三人が石田三成の親族で固められていた。それゆえ、三成の敗死に伴い三人が脱落すると、片桐且元一人が残されることになった。関ヶ原合戦後に且元が秀頼の「執事」（家老）として豊臣家の庶務を取り仕切る地位に抜擢されたかのようにみえるが、実は三成の親族の三人が消えたためにそうみえるだけで、且元としては戦前からの地位を継続したにすぎなかったのである。

大坂騒擾事件

慶長四年八月に上杉景勝が帰国し、同月二十八日に前田利長も大坂を発って領地加賀に戻った（『加賀藩史料』）。こうして二人が帰国すると、家康は重陽《ちようよう》の節句を祝うために大坂城に乗り込もうとしたため、家康の暗殺計画が持ち上がった。以下、「関原軍記備考」により、事件の経過をみてみよう。

九月七日に家康は大坂に下った。八日の夜、増田長盛と長束正家が来邸し、前田利長が浅野長政と相談し、大野修理治長《はるなが》と土方勘兵衛雄久《ひじかたかんべえおひさ》を討手として、登城した家康を殺害する謀略があることを告げ、明日の登城中止を告げた。しかし、家康は藤堂高虎と相談し、中止しては徳川の名折れになると決し、九日辰刻（午前八時頃）に登城した。増田・長束等が迎えに出て、案内のため家康の先に立とうとすると、供の者は袴の括《くく》りを解き捨てて制止し、「主人家康、聊《いささか》用心の折柄なれば、御免を蒙《こうむ》り我々御先立申すべし、そこを退かれよ」と本多忠勝が断りを入れて先に進んだ。

討手の土方雄久は、大勢の足音を不審に思いながら衝立《ついたて》の陰より走り出た。すると、素手の本多忠勝が心得たりと引き被《かず》き、十間程（約十八メートル《メートル》）ばかり投げ飛ばした。続いて氷の如き白刃を抜いて大野治長が切りつけたが、忠勝は身を開きながら治長の首筋を摑んで無体に引き寄せ、高く指し上げ、振り回して、投げつけた。

その後、秀頼の出座があり、対面となった。傅《もり》は片桐且元、剣《つるぎ》役は藤堂高虎が勤めた。熨斗三方、料理を終え、奥に入って茶々に対面する次第になった。忠勝たちは奥に入れないので家康も思案したが、台所に二間四方の大行燈《おおあんどん》があるのをみて、「関東者の見慣れぬものなれば、玄関まで随行している者にみせよ」といって奥に入った。酒井家次は、中の口へ出て供の数十人を呼び入れ、大行燈をみながら奥の様子をうかがった。

奥へと進む家康の後を増田と長束が従い、家康の隙《すき》を狙おうとしていた。そこに高虎が幼主秀頼の手をとり出てきたので、増田と長束ははっとしたが、高虎とて奥へは入れないので、必ず本意を遂げようと思い直した。ところが高虎は、

「さすがに御幼少より御馴染み深いので、たびたび（秀頼の）上意があり（家康の）御跡を慕いますので、辛労ながら暫時抱かせられて淀殿《（茶々）》と御対面しかるべし」

といいながら目配《めくば》せするので、家康もその心中を察した。

「年老の家康、何の花香もなきに、慕い給う事、本意なり。いざいざ此方へ」

そういって家康は秀頼を抱きながら奥へ入ったため、両人も手出しができなくなった。茶々に対顔した家康は、こうして無事に退出した。

やや講談めいた話であり、高虎が秀頼の剣役を勤めたことも疑問なので、脚色箇所が多いと思われるが、大坂城本丸奥御殿の様子を考察するうえで参考になる。

家康の西の丸占拠

事件後も家康は備前嶋の石田三成旧宅に居住していたが、九月十一日には秀頼四人衆の一人、石田正澄が堺に立ち退いた跡の城内屋敷に移った。その間、「東国衆は在大坂、西国衆は在伏見」と「太閤様御置目」にあるのに、西国衆の宇喜多秀家が大坂にいることを家康が強く抗議したため、秀家は在伏見となり、逆に家康の従者は次々と大坂に下ってきた（長府毛利家文書）。こうして、家康は秀吉の置目を楯に秀家を大坂から遠ざけることに成功したが、秀吉の遺言では家康こそ伏見にいて政務をとるべきはずだった。それを棚にあげ、家康は東国衆だからと都合よく筋を通したのだろう。

九月十八日には、秀吉の御伽《おとぎ》衆《しゅう》だった三人（新庄直頼・山岡《やまおか》道阿弥《どうあみ》・岡野江雪）を介して、城内にいる豊臣家臣たちに誓詞を提出させた。そのうち、宮部《みやべ》長熙《ながひろ》が提出したものが残っている（早稲田大学図書館所蔵文書）。

敬白霊社起請文前書之事

右　秀頼様御為被思食《おぼしめされ》　内府様御座候間、向後猶以奉対　内府様不可存表裏別心疎略候、自然悪逆無道を存立、申懸者雖有之、一切不致同心、無二可抽忠節候、若此旨於有偽者、忝《かたじけなく》モ此霊社起請文御罰深厚ニ可罷蒙者也、仍前書如件、

「秀頼様」のために「内府様」が（大坂城に）いるのであれば、今後、「内府様」に対し忠節を尽くすことが誓約されている。逆にいえば、家康に忠節を尽くすことが秀頼、ひいては豊臣家を守ることになるという理屈で、家康が自己の権力を正当化し、豊臣家の家臣たちも表面上、その論理をうけ入れたことがわかる（大阪城天守閣編『特別展　秀吉家臣団』一五一号文書解説）。

九月二十六日になると北政所《きたのまんどころ》浅野寧《ねい》が京都新城に移り、その居所であった大坂城西の丸に家康が移った（『義演』）。国元にいた前田利長は大坂騒擾事件の首謀者の嫌疑をかけられたことを聞き、家康のもとに急使を出し、母芳春院を人質として江戸に下すことを伝えた。十月八日には土方雄久を常陸太田に、大野治長を下野結城に配流し、浅野長政には領国の甲斐に蟄居が命じられた（『慶長見聞書』）。

ここに家康は大坂城西の丸を占拠し、政権内での立場を浮上させ、天下の仕置を担当することになった（谷徹也「秀吉死後の豊臣政権」）。ただし、その立場はまだ五大老筆頭であり、表向きには「秀頼様御為」という旗も掲げてはいたが（松井家文書）、次なる追い落と

しの標的として上杉景勝に照準を定めていくことになる。

慶長五年（一六〇〇）正月五日には、徳善院《前田玄以》・増田長盛・長束正家の三奉行連署で法度が出された（天城文書、現代語訳、数字は補った）。

大坂城中法度

（前欠）仕切りより奥へ男は右の申次《もうしつぎ》五人のほかは一切入ってはならない。すなわち、秀頼様の御前番三人宛の衆は、右の仕切り所をうけ取って堅く御番をすること。

①一、御城中の御殿で破損修復や掃除等のときは、小出播磨守《秀政》・片桐市正《且元》が大工・掃除坊主を召し連れ、それぞれに命じること。

②一、御本丸 鉄《くろがね》御門番は、ゆうせん（祐泉）・宮内・ゆうさい・しちせんの四人が堅く勤めること。

③一、御台所人、御下男《したおとこ》、水汲み夫《ふ》は、日中内は詰めること。

④一、輿《こし》舁《か》きの人足、進物持ちの人足は、鉄御門より内へ入ったらすぐに出ること。

⑤一、表《おもて》への御文使いは御門番へ坊主衆が取り次ぎ、御下男に持たせて出入りをすること。

⑥一、惣別御法度のごとく、日暮《ひぐれ》後は御城中に男は一切いてはならない。鉄御門番の坊主衆として堅く改め、外に出すこと。

⑦一、詰衆の御番所は小広間とする。御配膳御用のときは、呼ばれたら奥の御広間に伺候すること。御用もないのに、小広間の御廊下より奥へは一切行かないこと。

⑧一、御役者衆は小広間に詰めること。呼ばれないのに、奥の御広間に参上しないこと。

⑨一、平塚因幡守(為広)・佐々淡路守(行政)・本田若狭守(一継)、この三人も番折のように小広間に詰め、呼ばれたら奥の御広間へ参上すること。付、猿萩五郎兵衛尉乾長大夫同前事

⑩一、御物書《ものかき》は番折のように奥の広間に詰め、進物以下があるときは念入りに帳に付けること。

基本的に、大坂城本丸奥御殿の仕切りより内側への男子禁制を規定した内容である。

奥御殿の番体制

大坂城は表御殿と奥御殿の間に二ヵ所の番所があり、中の口にある鉄御門で区切られていた。江戸城は表・奥(中奥)・大奥の御殿を廊下でつなげているが、大坂城は表御殿と奥御殿はまったく独立した建物であり、外に出て鉄御門を通らなければ、互いの御殿の行き来はできない。先の大坂騒擾事件の様子からみても、秀頼は奥御殿の表側の部屋で日中は生活していたのだろう。事件では茶々と前田利長、あるいは大野治長との密通が取沙汰され、若衆ばかりが伺候することが問題視されているので(『萩藩閥閲録《ばつえつろく》』)、法度の目的は奥御殿における秀頼の御座所と茶々たち女性が暮らす

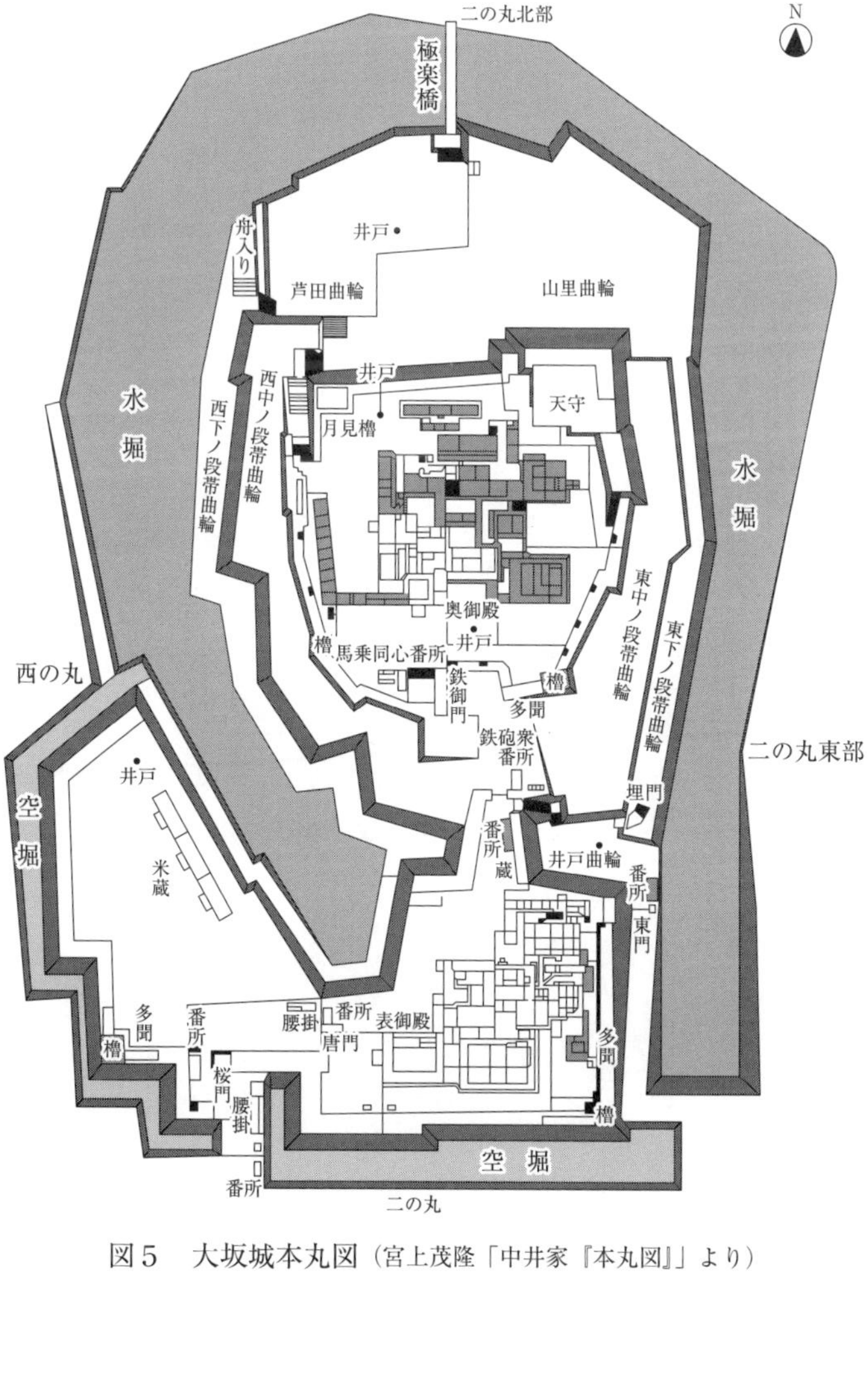

図５　大坂城本丸図（宮上茂隆「中井家『本丸図』」より）

奥の御座所との仕切りを厳格化するところにあったと考えられる。番体制としては、小広間に詰衆・役者衆・御鷹師頭（平塚・佐々・本田）が詰め、用事で呼ばれたら奥の広間まで参上し、広間には物書衆が詰めて番と記録をする取り決めとなった。

冒頭にある「申次」については、前田利家は没し、同利長は在国していて、大坂城勤番定書（七四頁参照）で取り決められた奏者を失っているから、新たな申次五人が任命されたのだろうが、本文書は前欠なので具体的な名を明らかにし得ない。

また、①の小出秀政と片桐且元の両人は、修復等で職人を連れて奥への立ち入りを許されているので、秀政は秀頼四人衆の後任として且元と同様の立場になったのだろう。⑨の平塚為広・佐々行政・本田一継は、秀頼の御鷹師頭である。慶長四年十二月に家康が摂津茨木ではじめて放鷹を行った際に、平塚・佐々・本田の三人が同行し、そのほか秀頼の鷹師も多く供奉《ぐぶ》した。このほか、織田有楽《うらく》・細川幽斎《ほそかわゆうさい》・有馬法印（則頼）・金森法印（長近）・青木法印（重直）・山岡道阿弥（景友）・岡野江雪・前羽半入《まえばはんにゅう》も随行しており、家康は豊臣家臣団を従えている（『御当家紀年録』）。翌年二月二十五日に鷹野に出た際も、平塚を同伴した（『鹿苑』）。ちなみに、関ヶ原合戦で佐々・本田は徳川方、平塚は石田方として戦うことになる。

天下分け目の関ヶ原合戦

家康は天下の家老

家康がいすわった西の丸御殿は、豪華ではあったが、もとは肥前名護屋から凱旋した秀吉が京極龍《きょうごくたつ》を妻に迎えるために建てた御殿であり、年頭の礼をうける広間がなかった。そのため、秀頼の申し出で広間が作られることになり、意心という人物が奉行を担当した。慶長五年（一六〇〇）正月はその広間で家康に年頭の礼があり、朔日より五日の間に中納言を筆頭として宰相・侍従・諸大夫《しょだいぶ》までが出仕し、奏者は本多忠勝・石川康通・大沢基胤《おおさわもとたね》の三人であった。二〜三月よりは藤堂高虎を奉行として、西の丸に天守が上げられた。この傍若無人な振る舞いは、のちに輝元たちから糾弾されることになるが、この段階ではまだ家康はあくまでも秀頼の後見人であった。

『板坂卜斎記《いたさかぼくさいき》』では、次のように回顧する。

この節、家康公を天下の家老と敬ひ申、主人とハ不存、日々諸大夫出仕、表《おもて》へ出御候て御咄し、御振廻抔は不出、薄茶計《ばかり》にて、出仕の衆も小半時も御入候て、大方ハ五ツ過より八ツ七ツ迄出仕衆不絶、

つまり、西の丸に入った家康は「天下の家老」として敬われていたが、「(天下の)主人」と思われていたわけではなかった。毎日、諸大夫(従五位下)と表で対話したが、食事はなく、薄茶ばかりだった。そのため、長居する者はいなかったが、五つ(午前八時頃)過ぎより八つ七つ(午後二時〜四時)まで出仕者が絶えなかったという。

家康が秀頼補佐体制のもとで政権を運営するという国制は、慶長四年(一五九九)七月に家康がマレー半島の大泥《たいに》国に送った外交文書でも、「昨夏の太閤の急死により、(家康が)嗣君を輔佐することになった」とあり(『影印本異国日記』)、外国にも広く伝達されていた。

また、家康は、慶長四年の『孔子家語《こうしけご》』を皮切りに、以後八年間にわたって『三略《さんりゃく》』『六韜《りくとう》』『貞観政要《じょうがんせいよう》』など、後陽成帝《ごようぜい》が刊行した勅版の向こうを張ったいわゆる「伏見版」を刊行した(鈴木敏夫『江戸の本屋』(上))。その一つ『貞観政要』には、慶長五年二月

十五日付で西笑《せいしょう》承兌《じょうたい》が序を記している（原文は漢文、読み下し文を示す）。

唐太宗《たいそう》文皇帝は創業守成・一代英武の賢君なり、千載の下、その徳を仰ぎ、その風を慕うは今の内大臣家康公是《これ》なり、ゆえに前学校三要老禅（円光寺元佶《げんきつ》）に貞観政要を校訂せしめ、去歳家語を版に開き、今歳政要を梓に刻み、聖賢の前軌を遵びて国家の治要を宜しく作《な》すなり、豊国大明神下土《かど》を際辞するの日、嗣秀頼幼君を賢佐せしむ遺命をうけ、爾来寛厚にして人を愛し、聡明にして衆を治め、周勃、霍光が劉氏を安らかにし、昭帝を輔《たすけ》るに異ならざる也、矧《いわんや》又海内に此書を弘めて士民の心を協和す、則ち明神のために旧盟を忘れず、幼君の為に至忠を尽くす者、それ用いん矣哉《かな》、

すなわち、家康を「貞観の治」を築いた中国の名君太宗皇帝を敬う者としてその徳を讃え、「亡き豊国大明神（豊臣秀吉）の命をうけて幼君秀頼公をよく補佐している家康が出版した本書は、幼君に至忠を尽くす者に大いに役立つだろう」と述べている。しかし、この序文の日付から約七ヵ月後に関ヶ原合戦となり、傍線箇所の家康が秀吉の嗣子・幼君秀頼を遺命により補佐した云々という文章は江戸時代になると削除されることになる（福井保『江戸幕府刊行物』）。徳川家としては、右の事実は何としても歴史から抹消せねばならない記述であったに違いない。

関ヶ原合戦

こうして家康が大坂に留まると、慶長五年三月頃には大名・小名がことごとく伏見から大坂に移る状況となった（『真田家文書』）。こうした求心力を背景に、家康は上杉景勝の追い落としにかかる。伏見にいた浅野幸長《よしなが》が得た情報では、秀頼生母の浅井茶々《あざい》が家康の関東下向を止めるために奉行衆を遣わすと、家康の機嫌が悪くなって伝えることができず、浅野寧《ねい》（「政所」）が明日（五月二十七日）、「秀頼様」の見舞いとして大坂に下る予定だが、これも内情は家康を止めるためだという（甲府市坂田家文書）。これら人々の和議への努力を無視して、家康は六月十六日に大坂城から伏見に移り、十八日には大軍を率いて会津に向けて出陣した。

これをうけて、近江佐和山城に閉居していた石田三成は、越前敦賀城主の大谷吉継《おおたによしつぐ》を誘い、三奉行とはかって帰国していた毛利輝元を広島から呼び寄せることにした。これは、秀次《ひでつぐ》事件の際に誓約した起請文で、家康が京都を留守にする際には輝元が在京することを取り決めた内容に応じた行動ともとれる。

しかし、七月十六日には大坂城西の丸にいた家康の留守居佐野綱正や手勢五百人余を追い出して、ここに輝元が入った（「松雲公採集遺編類纂」）。毛利の軍勢は六万と伝わる（『義演』）。さらに、同日、家康の非を記した十三ヵ条を作成し、有力武将に送り付けた（後述）。かつて毛利の取次《とりつぎ》であった黒田如水《くろだじょすい》（孝高《よしたか》）は、毛利家の分家である吉川広家《きっかわひろいえ》に八月一日付で九州から書状を出し、輝元や毛利家がとるべき道を指南した（『吉川家文書』九五〇）。

天下之儀てるもと（輝元）様御異見被成候様にと奉行衆被申、大坂城御うつりなされ候事、目《め》出度《でたく》存候、左候て秀頼様へ別心存者あましく（る脱カ）候条、やかて目出度しつまり可申候、左様候て、九州四国衆人しち、てるもと様御あつかり（預）候やうに被仰上可然存候、九州にても鍋賀州（鍋島直茂）、賀　主（加藤清正）、羽左近（立花宗茂）、毛　壹（毛利吉成）、嶋津（義弘）此衆専存候、甲州（黒田長政）人しち（質）ハ、貴　所様（吉川広家）、てるもと様より御あつかり（預）候やうに御才覚給へく候、左候て何様にも御馳走可申候、人しち奉行衆候へは、てるもと様御馳走不成事候条、其御分別専一候、内府公上国ハ必定あるへきと存候、（後略）

つまり、如水は家康の上洛をみこし、人質を奉行衆に渡さず、輝元が預かることで、中立的立場を示す分別を持つようにと伝えたが、冒頭にあるように輝元は奉行たちの口車《くちぐるま》に乗り、天下餅に安易にくらいついてしまったといえよう。

結果は九月十六日の関ヶ原合戦で石田方の大敗となり、輝元は九月二十三日に池田輝政・福島正則・黒田長政・浅野幸長《よしなが》らに西の丸を引き渡した。その後、輝元は黒田長政や吉川広家らの取り成しで防長二ヵ国を安堵されるが、世嗣秀就《ひでなり》を江戸に人質として送り、輝元自身も慶長八年（一六〇三）まで在京したまま帰国できなくなった。

関ヶ原合戦についてはここで簡単に紹介できないほど多くの優れた研究があるため、詳細についてはそちらをご参照いただきたい。ここでは、秀頼がそれぞれの陣営にどのように位置づけられていたのかを重点的に確認するにとどめる。

秀頼様への御忠節

毛利輝元が七月十五日付で肥後熊本に在国中の加藤清正に送った書状には、本日、広島を出発する理由を「秀頼様へ忠節を遂げるため」と述べ、清正も早々に上洛するよう求めている。七月二十七日付で輝元が越前北庄の青木一矩《あおきかずのり》に送った書状でも、奉行・年寄を一人ずつ追い落としにかかる家康の所業では、「秀頼様の取り立て」が履行されないと訴え（「殊更《ことさら》、奉行・年寄一人宛相被果候《あいはたされ》ては、（平出）秀頼様事可被取立候哉」）、「秀頼様への御忠節」を依頼した（大阪城天守閣所蔵文書）。

三奉行が七月十七日付で各所に送った書状でも「秀頼様への御忠節」を訴え、家康が誓詞および太閤置目に背き、「秀頼様」を見捨てて出馬したと糾弾した。また、同日付の「内府違之条々」で十三ヵ条を掲げたあと、巻末に次のように記した（松井家文書、中川家

文書、大阪歴史博物館所蔵文書、真田家文書ほか）。

右、誓詞之筈を少も不被相立、太閤様背御置目候へハ、何を以、頼可在之候哉、如此、一人ツ、被果候ての上、秀頼様御一人被取立候ハん事、まことしからす候也、

つまり、輝元・三奉行たちが家康を弾劾する正当性の根拠は、「秀頼の取り立て」を土台として立てられたさまざまな秀吉の置目や誓詞にあり、これに違反する家康を頼みにはできない、ということになる。輝元らの自己認識では、自分たちは誓詞や置目によって取り決められた秀頼補佐体制を一歩もはみ出していないと考えていたのだろう。

これにやや距離を置く大谷吉継は、去々年以来の家康の仕置が「太閤様御定」に背き、「秀頼様御成立《なりたち》」が成り難いので、三奉行・輝元・秀家・島津、そのほか関西の諸侍一統をもって仕置を改めた（「御仕置改申候事」）と認識していた（真田家文書）。輝元を大坂城に置くことは、「秀頼の成り立ち」のためであっても、秀吉の遺言の改変には違いなかった。

島津に関しては、石田方に加担したことについて、合戦後に次のように弁明した（黒田家文書、十一月四日付島津義弘書状、読み下し文）。

（前略）なかんずく内府様（徳川家康）御厚恩の儀、これまた忘却なきと雖《いえど》も候、秀頼様に対

し奉り、永々忠節を抽《ぬきんず》べきの旨、霊社上巻の誓詞度々上げ置き候、その旨相違なきにおいては、今度御下知に応じ、出陣致すべきの旨、御奉行衆より御墨付をもって条々仰せ付けられ候間、　君臣の道に背きがたきに付て、力に及ばず、御人数一分に罷出候、（後略）

つまり、家康の御恩を忘却したわけではないが、「秀頼様」に忠節を尽くす誓詞を書いたのなら下知に従って出陣せよと奉行たちから命じられ、君臣の道（主従関係）からやむを得ず従った、と正当な理由を述べている。とりあえず、君臣の道を貴ぶ島津には、秀吉が書かせた誓詞は呪縛的効果を大いに発揮したようである。

合戦における対立の構図

それでは、秀頼を奉じた西の石田方に対して、家康を奉じた東の徳川方という対立の構図が描けるだろうか。

豊臣恩顧の一人・福島正則は八月二十四日付で浅野長政宛の書状を出し、池田輝政・浅野幸長・細川忠興《ほそかわただおき》・加藤嘉明らと岐阜城を陥落させたことを告げ、輝政・幸長と談合して秀頼のためによいように行動する（「秀頼様御為よきやうに可仕候」）と決意を告げた（浅野家文書）。豊臣恩顧の武将が家康に加担するにあたっては、正則の意見が重要な流れを作ったとされているから、東の徳川方も大義名分は「秀頼様の御為」を掲げて戦ったのである。

一方、九州で戦う加藤清正のもとへ、豊後竹田に籠城する中川秀成《なかがわひでしげ》が徳川方への参加を表明し、人質を提出してきた。清正が九月十五日付で秀成に送った血判起請文の第一条は、次のように書かれている。

一、秀頼様御幼少ニ付而、太閤様御置目をそむき、内府公（徳川家康）へ別心仕衆有之ニ付而、太閤様御遺言を被相立、秀頼様へ御奉公可被成ニ付而、無二内府公へ可有御一味之旨、為其験人質被差越候、後日に内府公へ御存分之通可申達事、

つまり、秀頼の幼少をよいことに太閤置目に背き、家康に逆らう者がいることに対し、秀成は太閤の遺言を立てて「秀頼様」に奉公する所存から家康に一味する旨であり、そのために人質を提出してきたことを後日必ず家康に報告する、としている。名指しをしていないが、清正たちは石田方を太閤置目の違反者と糾弾していることが読み取れる。

どちらが秀吉置目の違反者なのか。実はこれが重要だった。ここでも秀吉の呪縛は効果を発揮していたのである。加えて、清正ら秀吉恩顧の武将たちが奉公すべき主人は秀頼であり、秀頼のために家康に加担するという論理になっていた。

以上のように、家康の直臣が「家康様」のために戦うのは当然だが、家康に加担した豊

臣恩顧の武将たちは「秀頼様」のために石田方と戦ったのであり、「家康様」のためではなかった。つまり、西・東ともに、秀頼守護を大義名分として戦ったのである。

豊臣公儀の占拠

九月二十七日、秀頼は大坂城に戻った家康と秀忠に対面し、以後は、西の丸に家康、二の丸に秀忠を置いて公儀が運営されることになった。

九月三十日に長束正家《なつかまさいえ》は自害し、十月一日に石田三成は六条河原で斬首され、増田長盛《ましたながもり》は領地没収のうえ高野山に幽閉され、前田玄以は途中から家康と通じたため罪を逃れたが、合戦中より「中風」《（脳梗塞）》を思い、慶長七年（一六〇二）五月七日に没した。毛利輝元は既述の通りであり、宇喜多秀家《うきたひでいえ》は島津を頼って薩摩に逃亡し、上杉景勝は在国したままであった。

立花宗茂（筑後柳川）は十二月十四日付の書状で、上方の情勢変化を次のように伝えている（隈部文書、傍線筆者補）。

莵角《とかく》かみかた《（上方）》の計ハ、（平出）①秀頼様衆之分ハ、申事一切御聞入候ハす候、時々御目見へ一篇之由候、（平出）内府様《（徳川家康）》衆計ニて諸篇　調《ととのう》之由候、就夫《それにつき》秀頼様御たい《（台）》所之たき木《（薪）》以下迄、太閤様の時の金銀ニて御かい《（買）》候分ニて候由候ニて候間、可有其分別候、とかく井伊兵部《（直政）》・本田《（多）》佐渡《（正信）》両人ニて候由ニて候、（平出）②秀頼様衆ニハ小出播磨《（秀政）》・片切《（桐）》市正《（且元）》・寺沢志摩《（正成）》三人ニて候由、甲州《（黒田長政）》被申候、其外ハ一切物をも被申候事もならす、

たゝ公儀一篇之由候、

傍線②は傍線①の繰り返しと思われるので、あわせて解釈すると、「秀頼様衆」は小出秀政・片桐且元・寺沢正成の三人のみが家康と接触でき、そのほかは一切発言権を奪われ、時々のお目見えだけという「公儀一篇」の状態であるという。

つまり、家康が関ヶ原合戦に軍事的勝利を収め、大軍事指揮権を行使したことをもって、天下人不在の状況は消滅し、公儀の意思決定は天下人家康とその出頭人たる井伊直政・本多正信に担われるように変化した。家康は、ついに天下の主人になったのである。かつ、大老・奉行制は跡形もなく、大坂城から消滅した。

ただし、秀吉が創出した豊臣公儀の枠組みは依然残され（朝尾直弘『将軍権力の創出』）、家康はそれを利用しつつ天下の儀を扱った。そのことは、右の明白な変化にもかかわらず、家康が「秀頼様衆」と呼ばれた三人（小出・片桐・寺沢）を排除しなかったところに明らかである。毛利輝元の見立てでは、合戦前から小出と片桐の二人は「内府方」、つまり親家康派であった（厚狭《あさ》毛利家文書）。家康は、「秀頼様衆」の二人を取り込む形で豊臣公儀の占拠を進めたのである。なお、慶長期の公儀については論争があるが、私見は拙論「江戸幕府の成立と公儀」で示したので、ここでは割愛する。

小出秀政

片桐且元より十六歳も年長の小出秀政は、天文九年（一五四〇）に尾張中村に生まれた。妻（一説には母）は秀吉の母なかの妹であり、秀吉とは母方の叔母の夫という関係になる。秀吉に仕えて、諱《いみな》一字を与えられ、天正十三年（一五八五）に和泉岸和田三万石を領した。秀頼にとっては、数少ない父方の親族になるので、秀政が秀頼に近仕して豊臣家の運営を担当する役を任されたのは順当ともいえる。

慶長三年（一五九八）の「大坂御番之次第」では、秀政は本丸の裏門と青屋口の門番を任されていた（六九頁参照）。場所の重要性に加え、二ヵ所を担当するのは秀政のみである。翌年の城内法度では、且元と同役の任にあった。秀政が親家康派であることは、慶長五年七月二十四日から下野《しもつけ》小山《おやま》に陣取る家康が、同月二十六日付で念入りに上方の様子を伝えてくれたことへの礼を秀政に述べていることからもわかる（脇坂文書）。

関ヶ原合戦後は、且元との連名や且元に加え徳川方の奉行である彦坂元正《ひこさかもとまさ》・大久保長安・加藤正次との連名で発給した文書が伝来する（曽根勇二『片桐且元』）。また、『義演慶長四年十一月十四日条には、「町奉行小出播磨守」とある。秀政は慶長九年三月二十二日に没したため、秀頼の奉行としての活躍はわずか五年に満たない。それゆえ、これまであまり注目されてこなかったが、今後は関ヶ原合戦後に且元と双頭で豊臣家の運営を担っていた人物として位置づける必要があろう。

秀政の嫡子吉政は、秀吉に仕え、播磨龍野二万石を領し、文禄四年（一五九五）には、龍野から但馬出石《たじまいずし》六万石に移された。父の死後は岸和田三万石を継承し、出石城は嫡子吉英《よしひで》が継いだ（『寛政重修諸家譜《かんせいちょうしゅうしょかふ》』）。吉政は秀頼の血縁関係者だが、早くから豊臣家とは距離を置き、徳川家に仕えていた。したがって、秀政の死後も、豊臣家における後任の役を継ぐことはなかった。

なお、『義演』慶長七年五月十六日条には、織田有楽《うらく》を「秀頼卿御親類執事也」としている。有楽は、秀頼の生母茶々の叔父であり、諱を長益《ながます》という。秀吉の死後から冬の陣後まで大坂城中にあって茶々と秀頼を補佐したとされるが、有楽が且元あるいは秀政と連署した文書などは確認できないので、同じ「執事」といっても且元・秀政の二人とは立場を異にしていたとみられる。

寺沢正成

三番目の寺沢正成（広高、一五六三〜一六三三）は、過去に秀頼に近仕した形跡はない。石田三成が七将に襲撃された際は、且元・秀政が親家康派だったのに対し、正成は三成の使者として行動していた。つまり、正成は親三成派だった。

正成の父広正は秀吉の六人衆として活躍していたが、同じ六人衆の小出秀政と対立して失脚しており（寺沢光世「秀吉の側近六人衆と石川光重」）、正成にとって秀政は父の敵《かたき》ともいうべき存在だった。仮に家康が「秀頼様衆」として正成を指名したとすれば、そうした対立関係による秀頼側の分裂を狙ったのかもしれない。

あるいは、正成の奉行としての力量を評価しての抜擢ととれないこともない。正成は父とは別に肥前唐津六万石を領しており、父の失脚後はその家臣団を吸収しつつ、父の六人衆としての役割を引き継いでいった。文禄元年（一五九二）には長崎奉行となり、翌二年八月以降に秀吉が大坂に戻って留守となった名護屋の代官として在番体制を整え、日明講和交渉にも深く関与した（中野等「文禄の役期における寺沢正成の居所と動向」）。慶長四年（一五九九）に薩摩で伊集院忠真《いじゅういんただざね》が島津家に抵抗した庄内の乱では、「取次」としての政治的力量も発揮した（山本博文『幕藩制の成立と近世の国制』）。こうした正成の吏僚的手腕を公儀権力のもとに掌握しておくことは、西国支配を課題とする家康にとって必要だったという側面もあったろう。

しかし、この後、正成が「秀頼様衆」として公儀の意思決定に参画している様子は確認できない。正成は会津攻めには家康に従って出陣し、関ヶ原合戦では大谷吉継の軍勢と戦った。その功が認められ、慶長六年二月には肥前天草内四万石を加えられて十二万石の大名となり、同年三月に家康が伏見に移徙《わたまし》した頃までには「秀頼様衆」から脱落している。

豊臣体制の換骨奪胎

家康は関ヶ原合戦の直後から、近畿枢要都市の直轄地化を進めた。京都は奥平信昌と加藤正次、伏見は松平康忠、堺は成瀬正成・米津親勝・細井正成、奈良は大久保長安、伊勢山田は神部《かんべ》貞永などの直臣を配置した（北島正元『江戸幕府の権力構造』）。しかし、尼崎郡代は豊臣政権以来の建部光重《たけべみつしげ》、大坂は片桐且元と小出秀政、長崎は寺沢正成が奉行を勤めた。慶長六年（一六〇一）八月に京都所司代は奥平から板倉勝重に替わり、同八年三月に長崎奉行を寺沢から小笠原一庵《おがさわらいちあん》に替えたことで、徳川直臣による直轄地化は一層進捗するが、ここでも家康は親家康派の「秀頼様衆」を利用しながら豊臣体制の換骨奪胎をゆるやかに進めていった経緯がわかる。その後、畿内近国十一ヵ国には、いわゆる「国奉行」を置いたが、摂津・河内・和泉は「秀頼様衆」の片桐且元が担当した。

その一方で、秀頼の家政経済を公儀経済から分離させていく。台所で煮炊きをする薪のようなものまで、秀吉時代の備蓄金銀で買わねばならなくなったと立花宗茂が記したのは、その状況を象徴的に示す事柄だろう。

家康はさらに公儀御料（太閤蔵入地）の占拠を進めていく。伏見城は関ヶ原合戦の前哨戦で焼失し、同城備蓄の財宝は灰燼に帰したが、その後に公儀御料から同城に集積された金銀米銭は天下人家康の手中に納められた。それゆえ、慶長十二年に家康が駿府城に居を移すにあたり、伏見城の蓄財は駿府に運び出された（『当代記』）。さらに、慶長十五〜十七年にかけて、徳川方の管理下にあった公儀経済を家康の駿府財政と秀忠の江戸財政に分離させ、二百三十万石ともいわれた太閤蔵入地は幕府御料と化していった（大野瑞男『江戸幕府財政史論』、曽根勇二『片桐且元』）。

曖昧な領知宛行権

関ヶ原合戦の論功行賞により、大名配置は大きく塗り替えられた。ただし、領知宛行《あてがい》権の行使に関しては、曖昧さを残した（笠谷和比古『関ヶ原合戦と近世の国制』）。

大名側の認識もさまざまであり、九州地方の制圧に大きく貢献した黒田如水は、次のように藤堂高虎に依頼していた（『高山公実録』）。

一、加主計（加藤清正）・拙者事（黒田如水）ハ今度切取候間内府様（徳川家康）以御取成を秀頼様より拝領仕候様に井兵（井伊直政）被仰談御肝煎頼存候、数年無御等閑者此節ニ候、

一、甲斐守（黒田長政）ニハ兎角《とかく》上方にて御知行被遣、拙者と別家内府様へ御奉公申様ニ御才覚頼申候、

この書状は九月十六日付なので、九州にいる如水はまだ関ヶ原合戦における徳川方の勝利を知らない。にもかかわらず、豊臣恩顧の加藤清正や如水は家康の取り成しで秀頼から領知を拝領したいとする一方で、すでに家督を譲っていた長政を別家とし、上方で知行をもらって家康に仕えさせたいとした。黒田家の生き残りをかけて、豊臣・徳川双方と縁をつなごうとする如水の戦略である。結果は、長政が筑前一国を拝領し、黒田家は国持大名となったが、領知宛行状が発給されることはなかった。これは黒田家のみのことではなく、家康は部分的にしか領知宛行状を発給できず、多くは口頭伝達や奉行の目録発給のみで代行された（藤井譲治『徳川将軍家領知宛行制の研究』）。

図６　徳川家康画像（大阪城天守閣所蔵）

その一方で、細川忠興の長男忠隆の書

状では、黒田長政が筑前一国に移されたあとの豊前国に細川家が移されたことについて、次のように記している（松井家文書）。

内府《（徳川家康）》様より越中《（細川忠興）》に豊前一国・豊後二郡下され候由候、

このように、領知宛行状が発給されなくても、家康から新領知を与えられたとする明らかな認識があった。合戦で徳川・石田双方が秀頼守護を大義名分に争った経緯に鑑みれば、合戦後も天下の公儀において秀頼は潜在的な権威を保有していた。そのため、形式的な面での曖昧さを残すことになったが、実質的な領知宛行権が天下人家康に掌握されたことは否めないだろう。

消えない秀頼の存在

豊臣の官位叙任権

家康の伏見城移徙

関ヶ原合戦で灰燼に帰した伏見城は、すぐに普請が開始された。慶長六年（一六〇一）正月十八日に再建工事の様子をみた義演は、「コト〳〵《（事々）》敷作事の体也」と感想を述べた（『義演』）。三月二十三日になると、家康・秀忠父子は大坂城を出て伏見城に移った。細川忠興《ほそかわただおき》が得た情報では、今後、家康は大坂城に時々下るだけで、伏見城を本拠地とするが、京都にも拠点を作る予定とのことであった（山田氏所蔵文書）。この後、秀忠は四月十日に伏見を発って江戸に下り、慶長十年の将軍宣下に上洛する以外は、同十九年大坂冬の陣まで上洛しなかった。家康は伏見にとどまり、慶長六年十月十二日に伏見を発って江戸に戻った。その間、松前盛広が五月十二日付で国元に送った二十一ヵ条に及ぶ書状は、家康が伏見に移徙《わたまし》した頃の情勢を詳細に伝えていて興味深い（近藤家文書「御由緒書之類」）。

その第一条、第二条は次のようにある。

一、天下之儀いかにも静ニ御座候、内府様（徳川家康）三月廿三日ニ伏見江御移被成候、
一、秀頼様江大坂御城御渡被成候、河内国ニ而弐二（朱書）（百ヵ）万石被遣候、片桐市正（且元）・小堀播磨（出）（秀政）
　両人御付被成候、

秀頼の所領は、摂津・河内・和泉の三ヵ国で計六十五万七千四百石余であったとされる（二四二頁参照）。それゆえ、史料中の「河内国ニ而弐二万石」にある朱書「百ヵ」の推定は根拠に弱く、かつ書状本文にある国名と石高も書写の際の遺漏があるとみられる。つまり、写しのため数字には問題があるとしても、この両条から家康の伏見移徙は、秀頼に居城（大坂）と領知高を渡し、片桐と小出を付人とすることで折り合いがついた結果のように読める。『当代記』でも、二月に井伊直政（近江佐和山）、本多忠勝（伊勢桑名）、松平忠吉（尾張清州）、奥平信昌（美濃加納）、石川康通（美濃大垣）、本多康重（三河岡崎）、松平家清（三河吉田）、松平正家（遠江浜松）、松平定勝（三河掛川）、酒井忠利（駿河田中）、大久保忠佐（三河三枚橋）、本多康俊（三河吉良）、戸《と》田《だ》一西《かずあき》（近江勢多）の配置を定めたあと、

大坂城が秀頼の居城となったため、家康は同城から人数を撤退させた（「大坂には秀頼公有城給之間、内府公人数不被置」）と説明がある。

要するに、京・江戸間を徳川家の一門・譜代によって占めさせ、秀頼の居城と私領とを明確化したあと、家康の伏見移徙がなされたのである。

この後も、天下人秀吉の遺児という秀頼の立場や秀吉恩顧の武将と秀頼との主従関係が消滅するわけではなく、大坂城の備蓄金や大商業都市大坂を配下に置く経済力は侮れなかったが、大坂城下の町も秀吉時代からは縮小を迫られており（『薩藩旧記』）、豊臣家の領知高は加賀前田（百二十万石）よりも少ない。そのため、秀頼の立場については、「一大名化」するか否かで議論が分かれる。私見は、前政権の遺制としての権威を備えつつ曖昧なまま温存された勢力の一つだったとする立場にあり、「一大名化」したとは考えない。

家康将軍就任の噂

家康の天下人としての地位が不動となったことで、これに対応するべく、大名・小名たちは天下人との間を取り成し、公儀における諸事の指南を頼む「取次《とりつぎ》」との新たなパイプを築くことが必要になった。たとえば、松前盛広は、本多正信と村越直吉に指南を頼んだ（「我等指南に頼入候は本多佐州・村越茂介両人」）。毛利輝元は、はじめに頼みとした井伊直政からは断られたため、慶長六年（一六〇一）から元和元年（一六一五）までは家康付の本多正純と秀忠付の本多正信の父子を「取次」として頼んだ。要するに、豊臣政権下での「取次」の機能を残しつつ、家康出頭人への人事刷新が進められたのである。

また、松前盛広書状の第八・九条には次のようにある。

一、三条柳之水を御屋敷中ニ被成、五町四方ニ御屋敷とり被成候、屋形出来次第ニ行幸被成、御位日本将軍に御成可被成由ニ候、

一、三条より下之町屋五千軒立申候由ニ候、堀川より西江大名衆屋形作り之由ニ候、

千利休が用いた名水三条柳水を敷地内に取り込んだ五町四方の屋形の完成後に後陽成帝《ごようぜい》の行幸があり、家康が「日本将軍」の位に就き、町屋と大名屋敷も三条近辺に造営予定という。京都屋形造営→行幸→将軍就任という計画は、秀吉が天正十三年（一五八五）に関白就任、同十四年に京都聚楽城の建設開始、同十六年に後陽成帝の聚楽行幸と進め、その際に関白秀吉に違背しない旨の大名誓詞をとったという一連の経緯を想起させる。

家康への将軍宣下は、慶長八年二月十二日である。屋形は二条に変更されて、同六年十二月より造営が開始され、同八年三月二十一日に竣工した。行幸は、慶長・元和期を通じて実現せず、寛永三年（一六二六）九月に後水尾《ごみずのお》帝が二条城に行幸した。したがって、松

前が得た情報は単なる噂だったにせよ、慶長六年五月段階で家康が将軍に就任する噂があった事実を看過すべきではない。

慶長七年二月に、朝廷は家康に源氏長者補任の内旨を伝えた。しかし、家康は「当年は慎みの間」との理由で固辞した（『言経』）。将軍宣下となれば諸大名を上洛させることになるから、国替えとなった大名が居城普請をはじめとする領国経営の最中であることや、重要な儀式を執り行うための拠点である二条城が未完成だったことなどが理由だろう。

結果として、慶長六年に噂された将軍宣下は同八年までずれ込んだが、万全を期す家康の政治家気質も関わっていよう。家康は領知宛行状《あてがい》を発給できず、形式面での限界を残したが、将軍宣下は家康が五大老筆頭の地位から名実ともに抜け出し、武家の棟梁としてその頂点に立つための重要な契機となった。

秀頼関白就任の期待

家康は将軍就任への準備を進める一方で、秀頼の関白就任を阻止する行動に出る。慶長五年十二月二十日に、前関白九条兼孝に関白宣下があった。神龍院《しんりゅういん》住職・豊国神社別当の梵舜《ぼんしゅん》の日記には、次のように記されている（『舜旧記』）。

去廿日、関白宣下有九条殿（兼孝）当職云々、武家ヨリ摂家へ被返之始也、内府家康公申沙汰

也、

九条兼孝への関白宣下は、武家から摂家へ関白職を返す「始《はじめ》」であり、これは内大臣家康による申沙汰であったという。つまり、家康は、関白職を摂家＝公家に戻すことで、新たな武家関白の誕生を阻止しようとしたのである。

兼孝は還任《げんにん》（関白の再任）となるため、当初は近衛信輔や鷹司信房が就任すべきと辞退したが、後陽成帝の強い意向と家康からの申し入れがあった。そのため、十一月八日に兼孝は前田玄以を介して、家康と秀頼に受諾の旨を伝えた（吉田洋子「江戸時代における朝廷の存在形態と役割」）。

しかし、豊臣家が摂関家の家格である限り、秀頼が関白に就任する可能性は残った。そのため、家康の将軍就任に連動して、秀頼に関白宣下があるとの風聞がたった。

毛利輝元は、慶長八年と推定される正月十日付の書状に次のように書いた（『萩藩閥閲《ばつえつ》録《ろく》』毛利宇右衛門）。

一、こゝもと無事候、内府様《（家康）》将軍ニ被成せ、秀頼様関白ニ御成之由候、目出たき御事候、

結果は、慶長八年二月十二日に家康が征夷大将軍に就任し、内大臣から右大臣に転任す

ると、秀頼は関白ではなく、家康辞任後の内大臣に就任した。四月二十二日には、大納言広橋兼勝と宰相勧修寺《かじゅうじ》光豊《みつとよ》が、大坂まで口宣《くぜん》（四月二十日付）を持参した（『時慶』）。秀頼への勅使派遣を聞いた鶴峯宗松（慈恩寺住持）は「関白宣下」ではないかと予測したが、実際には内大臣宣下であった（『鹿苑』）。

慶長十年四月二十二日には勅使が大坂に下向し、四月十二日付で秀頼は右大臣に転任した（『義演』）。関白職は前年十一月十日に九条兼孝が辞退すると、新就任者はなかった。『春日記録』五月十一日の条には、秀頼の右大臣転任を聞き、関白が空席であることをわざわざ記しており、秀頼に関白宣下がなかったことを疑問に思う風潮を伝えている。

慶長十年四月十六日に新将軍に就任した徳川秀忠は、同日、秀頼転任後の内大臣に任じられた。同年七月二十三日には近衛信尹《のぶただ》が関白に就任し、以後、慶長二十年まで鷹司信房→九条忠英→鷹司信尚《のぶなお》と続き、関白が空席となることはなかった。

そうしたなか、慶長十二年正月十一日に秀頼は右大臣を辞任した。翌十三年には秀頼を左大臣に任官する動きが朝廷にあったが、実現には至らなかった。以後、秀頼は関白を含め新たな官職に就任することはなかった。

慶長十九年三月十八日に勅使が駿府に至り、家康に太政大臣宣下の勅命を伝えた。家康はこれを辞退する一方で、秀忠への右大臣・別当・従一位《じゅいちい》を望んだ（『当代記』『本光国師《ほんこうこくし》日記《にっき》』、以下『国師』と略記）。秀頼の官位は散位《さんい》ながら右大臣・正二位《しょうにい》であり、それより上に秀忠を置くことになるから、朝廷は難題を突きつけられたが、その後に生じた大坂の陣により問題が顕然化することなく、豊臣家の滅亡となった。

秀頼への惣礼と名代派遣

慶長六年元旦、秀頼への年頭の礼があった。最初は中納言徳川秀忠であり、続いて諸大名も形の如く礼をしたが、帰国中の者が過半であったので、例年のような賑わいはなかったという（『義演』）。正月二十九日には、公家・門跡・寺社の惣礼があり、本丸で秀頼に礼をした。秀頼の左には、秀忠が座して後見していた。その後、西の丸の家康への礼に出向いたが、病気の家康にかわり秀忠が礼をうけた。この取次は池田輝政一人だったので、これをみた近衛信尹は、「秀頼にてこそ輝政が取り次ぐべきで、ここは本多忠勝・榊原康政・大久保忠隣《ただちか》などがしかるべき」と憤慨した（『三藐院記《さんみゃくいんき》』）。輝政は、慶長三年に京都新城で秀頼が惣礼をうけた際の奏者（「申次」）を勤めていたから（五五頁参照）、輝政が秀忠の奏者を勤めるのはおかしいとする信尹の意見は正論であった。

家康が病気というのも、仮病であったらしい。惣礼後、六条有広・冷泉為満・山科言《とき》緒《お》・舟橋秀賢《ふなはしひでかた》は家康を訪ね、夜咄をして振る舞いをうけており、その場の家康は一段と機嫌がよかったという（『言緒卿記』、以下、『言緒』と略記）。

慶長六年十月十二日に伏見を発し、暮を江戸ですごした家康は、翌七年正月十九日に江戸を発ち、二月十四日に伏見に到着し、十九日に伏見で公家・門跡の惣礼をうけた。三月十三日には大坂に下り、秀頼への年頭の礼をすませた。この年は伏見で越年し、十二月三十日には諸大名に翌年元旦は秀頼に出仕するよう通達し、二月四日には自身も秀頼への礼のため大坂に下った（『当代記』）。しかし、慶長八年二月の将軍就任後は、年頭の礼のために大坂に下ることはなくなり、家康は秀頼との関係を大きく変化させた。

一方、慶長九年四月五日に伏見城で諸大名が家康に年頭の礼をすると、翌六日に秀頼名代の片桐且元や秀頼馬廻衆が伏見城に登城して家康に太刀・折紙を献じた（『言経』）。同十二年に家康が駿府に居を移すと、翌十三年正月からは駿府に秀頼は名代を派遣し、その後も名代による年頭の礼を続けた。家康とは対照的に、秀頼側は家康に対する礼節を保っていたといえよう。

また、禁裏への秀頼名代は、慶長六年、七年は池田輝政が派遣されたが、以後は片桐且元および小出秀政が担当するようになる。豊国社へは、はじめ京極高次《たかつぐ》・木下勝俊が担当したが、これも慶長六年までであり、同七年からは片桐且元の弟片桐主膳正《しゅぜんのかみ》貞隆の名が現れ、同九年に秀政が没すると、秀頼の奏者や名代は片桐兄弟が勤めるようになる。

徳川千との婚礼

慶長八年七月二十八日、内大臣豊臣秀頼（十一歳）と大納言徳川秀忠の長女千《せん》（七歳）との婚礼があった。この日程は、千に連れ添って上洛した母浅井江《あざいごう》（「大納言様之御膳《前》様」）と秀頼の母茶々（「御袋様」）が相談して決めたものだった（『薩藩旧記』）。要するに、この婚礼は、豊臣と徳川の関係を円満につなげようとする母二人の努力により実現した面が強かった。

というのも、この婚礼に対する徳川方の態度は、必ずしも協力的ではなかったからである。薩摩に在国中の島津忠恒は、徳川方から「上洛は無用」と伝えられたので、使者比志嶋国貞を上洛させて秀頼に進物を贈った（『薩藩旧記』）。豊前中津に在国中の細川忠興も、確実な使者をもって祝儀を言上しようとしたところ、大久保忠隣ら家康家臣から、使者は無用で軽い飛脚で済ませるようにと強く指示されたので、失礼とは思いながらそれに従った（『細川家史料』）。婚姻は秀吉の遺言で決められたことであり、家康は将軍に就任してもなお秀吉の遺言を遵守する姿勢をみせていたが、両家の婚姻を手放しで喜んでいたわけではなかったのである。

婚礼の輿添は秀忠付年寄の大久保忠隣、輿のうけ取り役は浅野幸長《よしなが》が勤めた。幸長の父浅野長政は高台院（浅野寧《ねい》）の義兄弟（双方とも浅野家の養子）という関係にあったから、幸長は豊臣家の親族としての立場から輿をうけ取ったと考えられる。

婚礼当初、千は「政所様」と呼ばれていた（『慶長日件録』慶長九年四月十六日条）。慶長十年十一月十九日には、京都豊国社において茶々の発句による夢想連歌百韻が興行され、願主は「大坂御裏様」であった（『舜旧記』）。「御裏様」とは武家より嫁せる摂家・清華家の妻の尊称であるから、これは千のことであり、千がそうした尊称で呼ばれたことは、豊臣家がこの時期まではまだ摂関家として認識されていたことの証左となる。

しかし、このの ち千は「姫君様」と呼ばれるようになり、「政所様」「御裏様」の呼称は用いられなくなる。この側面からみると、豊臣家を摂関家の一つとみなす認識は、慶長十年代になると薄れていったとみなさざるを得ないだろう。

豊臣氏長者

秀吉の死後、家康は早々に源姓を用いていたから、秀頼は豊臣一族・一門のなかで最高官位の保有者（従二位・中納言）であり、幼少とはいいながら摂関家である豊臣家の当主として豊臣氏長者の地位にあり、官位叙任の執奏権を握っていた。

たとえば、慶長四年閏三月二十六日には、島津義弘の嫡子又八郎（忠恒・家久）の昇殿を申請し（「します《（島津）》又八郎しようてん《（昇殿）》なされ候やうにと、ひて《（秀頼）》より御申あり」）、勅許が得られ、二十八日に又八郎は禁裏に礼に出向いている（『湯殿』）。

また、同年、毛利輝元の嫡子松寿（数えの五歳）は袴着の祝儀の際に家康から助真《すけざね》の刀と上下《かみしも》を与えられたというが（『寛政重修諸家譜《かんせいちょうしゅうしょかふ》』）、九月七日には大坂城で秀頼に初対面し（『毛利山口家譜』）、十一月十一日に秀頼より諱《いみな》一字を与えられて秀就《ひでなり》と称し、従五位下・侍従に叙任され、十二月八日に従四位下に昇進し、以後、藤七郎秀就を名のった。毛利博物館にその際の口宣《くぜん》案が伝来しているが、いずれも「豊臣秀就」とあり、豊臣氏長者たる秀頼が秀就の官位を執奏したと考えられる。ほかにも豊臣姓による叙位任官は、慶長十年四月の執奏でも確認できる（藤井讓治「慶長期武家官位に関する四つの「寄書」」）。

ところが、慶長十年九月十一日の秀頼衆の諸大夫成《しょだいぶなり》三人を最後に、秀頼が官位執奏に関わった事例や豊臣姓による叙位任官が確認できなくなる。これと裏腹な関係で、前田利長の世嗣利常が江戸において将軍秀忠の面前で元服し、松平名字と従四位下・侍従に叙任した慶長十年の事例を皮切りに、大名世嗣が江戸城に登城して将軍の面前で元服し、松平名字・将軍偏諱《へんき》・叙爵（従五位下）をセットで付与されることが形式化していく。

慶長十一年四月二十八日には、武家の官位は家康の推挙によることが申し入れられた（「武家者共官位之事、無御吹挙者、一円に被下間敷由固可令申」『慶長日件録』）。これは家康が参内前に立ち寄った武家伝奏《ぶけてんそう》の勧修寺光豊邸において、出迎えに来邸していた公家たちと相談して提案したものなので、推挙する主体は将軍秀忠や幕府ではなく、前将軍の家康であり、その権限は天下人の地位に由来するとみなされる。家康はこれにより豊臣姓羽柴名字による官位叙任を凍結し、豊臣一族・一門体制の解体を狙ったのである。

慶長十六年になると、家康はさらに武家の官位は朝廷官位の定員外とすることを求め、武家の官位を公家とは別体系とした。これに対し秀頼は、方広寺《ほうこうじ》大仏供養に上洛する際の供奉に必要として、同十九年七月二十八日に朝廷から諸大夫成十四名の勅許を得た（『時慶』）。家康がいかに武家官位を独占しようと豊臣家は制外の存在である、と、成人した秀頼は自己主張をし始めたのである。このこと自体を家康は問題にしてはいないが、この直後に方広寺大仏殿の供養延期を申し入れることになる。

豊臣家の威光と公儀

豊臣家の社寺造営

豊臣家あるいは豊臣政権による社寺造営は、秀吉の時代に延暦寺・金剛峯寺・本願寺・醍醐寺等の造営が進められており、これを秀頼が継承する形で展開する。その後、次第に領地のある摂河泉を中心に営まれるよう変化するが、範囲は山城・大和・近江・伊勢・尾張・紀伊さらに出雲の諸国の広範囲に及んでいた（藤井直正「豊臣秀頼の寺社造営とその遺構」）。慶長三年（一五九八）から開始された造営は百近くにのぼるが、そのほとんどは再建か修理であり、新しく建築したのは、豊国廟、法国寺、大坂豊国神社だけで、摂河泉における社寺造営は領国経営の一環として実施されたものという（木村展子「豊臣秀頼の寺社造営について」「慶長十年再建の相国寺法堂について」)。

とはいえ、その規模の壮麗さは驚目に値するものであり(『義演』)、現存する遺構は国宝もしくは重要文化財に指定されており、まさに豊臣家の威光を後世に伝える一大事業であった。しかも、秀頼の諸寺社再興は、明国に対する日本国の優越を示す論拠とされていたとも指摘されている(野村玄「豊国大明神号の創出過程に関する一考察」)。

伊勢宇治橋のかけ替え

多くの社寺のうち、とくに伊勢神宮とは強い関わりを持った。慶長元年十二月二十八日に豊臣秀吉は伊勢外・内両宮の神主中・上人に宛てて朱印状を発給し、伊勢国多気郡斎宮社領として検地済みの土地から百石を寄進し、秀頼の祈禱料にあてさせた(「慶光院文書」七)。そうした関係から、慶長六年二月に宇治橋が焼失した際、秀頼は九歳であったが、早々に自筆書状を発給して宇治橋のかけ替えを約束した。

(上段)　以上
はや〳〵下り
にて残多候
火事の事

(下段)
わか《(若)》上人さまへ
もこの御事
中候
かしく

くるしからす候、
やかて申つけ
て候ハん間心や
すく候へく候

三月二日　秀頼

けい光院

文中にある「若上人」とは伊勢慶光院周養上人の後嗣周清上人のことである。また、現代文では「やがて」は「そのうちに」といった意味で用いるが、本来は「ひきつづき」という意であり、この時期は「すぐに」という意味で用いられるので、秀頼としてはすぐに宇治橋をかけ替える旨を伝えたと理解した方がよい。

続く三月三十日付に、豊臣家の老女大蔵卿局《おおくらきょうのつぼね》から伊勢上人に宛てた書状には、「うちはし（宇治橋）の御事、上さま（秀頼）より内ふさま（家康）へ仰らせ候て、御きもいらせられ、御きけんよくかけさせられ候ハんよし仰られ候まゝ、みな〳〵ねき（禰宜）・かんぬし（神主）・そう（僧）衆へこのよし御申候へく候」とある（「慶光院文書」一）。

すなわち、宇治橋のかけ替えは、秀頼から家康に事情を告げ、秀頼の機嫌（気分）次第にかければよいとの家康の返答を得たことがわかる。なお、秀頼の年齢からして実際には母茶々の差配だったと考えられるので、「上さま」は茶々と理解できなくもないが、先の秀頼書状の存在により、ここでは秀頼としておく。

ところが、橋のかけ替えは遅れたようで、次の七月二十六日付で茶々が発給した慶光院宛書状からそれがわかる（原文の仮名を適宜漢字に置き換え、濁点を補った）。

態《わざ》と人をまいらせ候、一日《ひとひ》も申候ごとく、宇治橋秀頼より御かけ候につきて、遷宮より前に出《いで》き候やうにと市正（且元）によく申つけ候、すなわち、市正方より奉行をたて、橋をかけ候ハんとの御事にて候まゝ、御心安く候べく候、そのために態と人をまいらせ候、やがて〳〵奉行を下し候へと固く申しつけ候まゝ、御心安く候べく候、詳しき御事ハ、三位方より申候べく候、こゝほど秀頼二人ながら息災に御入候、御心安く候べく候、江戸にもわもじをする〳〵と誕生にて御入候、御心安く候べく候、めでたく又かしく、

書中に江戸で「わもじ」が誕生したとあるので、本書状は慶長九年（一六〇四）七月に徳川家光が誕生した際の発給になる。すなわち、かけ替えの約束から三年を経ても、まだ宇治橋はかけられていなかった。ここで茶々が本腰を入れて命じたことで、ようやくかけ替えが済み、慶長十一年四月二十八日に十万度御祓、五月七日晩より落慶供養の万部経法会が執行された。このとき、周養上人が立てた札には、「秀頼公御母儀執行給所也」と記

秀頼公御母儀の執行

された。表向きは秀頼の発願としながらも、実際には茶々の意向が実行力を持っていたのである。

家康との連携

慶長七年に、茶々は伊勢内宮弁財天に金灯籠一対を寄進した。これは、茶々が命じた伊勢内宮客殿・庫裏・弁財天堂の完成によるものと考えられる。これに関わる次の書状を拙著『淀殿』では慶長九年の発給としていたが、慶長六年もしくは七年の発給と修正したい。

以下、原文の仮名を適宜漢字に置き換えた文を掲示する。

くれ〳〵申候、木の余りにて、てい首座庵《あん》に合ひ候やうに、拵え候て建て候へと、此方《こなた》にて申つけ候はんま丶、その御心得候べく候、めでたくかしく、
猶詳しくは、てい首座申べく候、めでたく又かしく、
遥々とてい首座御越候、御うれしく候、秀頼世の常、息災に候ま丶、御心安く候べく候、祈禱の験《しるし》と、御うれしく思ひまいらせ候、いよ〳〵御頼み入候、まづ〳〵其ほど寺の事、とく申つけ候はんを、我々心悪しく候て、遅く申つけ候、一昨日廿二日に申つけ候、奉行の事、稲葉蔵人(道通)・古田兵部(重勝)に申渡し候へと、市正にたしかに申つけ候、客殿を蔵人、又庫裏と弁財天の堂を古田に建てさせ候べく候、木柱をも念入候て、久

しく損ね候はぬやうにと、大方〳〵念入候へと申つけまいらせ候、その地よりも猶々この文、二人にみせ候て、御頼み候べく候、此方大坂にもそもじの宿《やど》の御事申つけ候て、今建てさせ候、すなはち、てい首座にみせ候、語り申候べく候、夏中ハこゝほどへ御出候て御入候べく候、詳しくハ、てい首座申べく候、猶々その地と近く候まゝ、両人へ申つけ候まゝ、よく〳〵申べく候、

廿四日　　（切封）　　大さかより

けい光院とのへ

申給へ　　よ□

内容は、まず慶光院から「てい首座」を大坂城で迎えた茶々が、秀頼の息災は慶光院の祈禱の験であると謝し、早々に命じるはずの寺のことは茶々の心持ちが悪くて遅くなったが、一昨日（二十二日）に稲葉蔵人道通《みちとお》（伊勢田丸四万五千七百石）と古田兵部重勝（伊勢松坂五万五千石）を作事奉行とするよう片桐且元に命じたこと、客殿は稲葉、庫裏と弁財天堂は古田に建てさせるので、伊勢でもこの文を二人にみせて念入りに作事をさせること、大坂城下に慶光院の宿の建設を命じた詳細を「てい首座」が伝えただろうから、夏中は大坂へ来られたいこと、奉行の二人は「伊勢に近い」ので命じたことなどを伝えている。

茶々が片桐且元を通じて作事奉行に任じるにあたり、稲葉・古田は「伊勢に近い」という理由で命じた点は重要だろう。且元は摂津・河内の国奉行であり、伊勢の大名・小名を動員する権限は有さないからである。参考までに、慶長十六年の禁裏普請では、稲葉・古田両家は「地方御普請衆」という十万石未満の小名に位置づけられており、秀頼の配下を意味する「大坂衆」に含まれていない。

公儀普請の機能

逆にいえば、これら独立した領主に普請役を命じることのできる権限は、公儀普請としての性格を持ちうるか、否かにあった。この普請について家康の内諾を得たかどうかは不明だが、事実として稲葉・古田を動員し得たところに、茶々が命じた普請が公儀普請としての性格があったことが読み取れる。先の宇治橋かけ替えの際に、秀頼が家康の内諾を得る必要があったのも、公儀普請としての性格を持つことで、物資や人的動員などの便宜が供与されることが可能となるからだろう。

逆に、慶長十一年（一六〇六）の江戸城普請の際には、公儀普請奉行として秀忠付の四名（内藤忠清・都築《つづき》為政・石川重次・戸田重元）、家康付の二名（貴志《きし》正久・神田正俊）に加えて、秀頼からは水原吉勝・伏屋《ふしや》貞元の二名が派遣され、これにより西国諸大名を普請役へと動員することが可能だった（白峰旬「慶長十一年の江戸城普請について」）。秀頼や茶々のみならず、家康・秀忠においても、秀吉が遺した豊臣公儀の枠組みを有効に利用しており、公儀普請としての性格を持つことで諸大名や物資・人員を普請に動員し得たのである。

大坂と江戸の連携

慶光院文書のなかには、包紙上書に「御遷宮之事　御台様《みだい》より大御所様へ御急キ被進候　本多佐渡守殿へ御局さまより御文」とある仮名消息文が伝来している。これは、十月二十九日付で本丸局より本多佐渡守正信に宛てて出されたものだが、内実は二代将軍徳川秀忠の御台所浅井江《あざいごう》（茶々の妹）の意向を示したものである（原文のままを掲示）。

　くれ候へとよく〳〵申せとて御入候、御きたう《（祈禱）》の御事にて御入候ほとに、すこしもいそき《（急）》候て仰つけられ候やうに御申上候てまいらせられ候へく候、御たのミなされ候よしよく〳〵申候へとおほせられ候、又々かしく、
一筆申まいらせ候、まつ〳〵いせ《（伊勢）》の御しやう《（上）》人、このほとこなたに御とう《（逗）》留候て御入候、御せんくう《（遷宮）》の御事、さいもく《（材木）》もとゝのゐ《（調）》候て御入候まゝ、御さくし《（作事）》の御事仰つけさせられ候までにて御入候程に、大御所《（徳川家康）》さまへ御ミゝ《（耳）》に御入れ候て御とりあわせたのませられ候よしを御たい《（台）》さま《（様）》より申せとの御事にて御入候、御しやう《（上）》人やかて御のほりの事にて候、あす《（明日）》御たかの《（鷹野）》へ成らせられ候よし御入候まゝ、けふ《（今日）》の御すき《（隙）》に御申

上候てまいらせられ候へと、よく／＼申せとて御入候、御さいもく《（材木）》をとゝのへ《（調）》てへん／＼《（便々）》とおかせられ候ハぬよし候まゝ、御きもいり候て［　欠　］まいらせ候、めでた
くかしく、

内容は、伊勢遷宮のための材木の準備が整ったので、周養上人が江戸滞在中に家康から作事許可を得たいが、明日は家康が鷹野に出るので、本日時間があるときに上人から言上できるように段取りをとってほしいとの依頼文である。木の伐採済みであれば慶長九年に執行された山口祭（神社造営の際、木を切り出す山の入り口の神を祀る儀礼）後の発給であり、遷宮は慶長十四年九月なので、家康が十月に在江戸である慶長十二、もしくは十三年の発給である可能性が高い。

天下祈禱所である伊勢神宮の遷宮作事の執行に際し、家康の許諾を求める必要があったのは、これも公儀普請としての性格を付与してほしいためだろう。その際に、慶光院が頼みとした先が将軍家御台所の浅井江であった点は、これまでの慶光院と豊臣家との関係からして、茶々の関与を想起させる。すなわち、大坂の茶々（姉）と江戸の江（妹）が連携し、家康へとつながるルートが存在していたのである。

おふくろ様の後見

慶長十二年、三宝院座主《ざす》の義演は下醍醐寺伽藍の再興のことを「右大臣（秀頼）執事」である片桐且元に訴え出て、二月十日に次のような返事を書状でうけ取った（『義演』）。

御書拝見仕候、下醍醐寺伽藍御再興之儀被仰聞候、　秀頼公御若年故、左様之儀御心得参かね申候、此中者、大御所（徳川家康）御方・御袋（浅井茶々）御方御両所より被仰付儀候、只今何共難計御座候、旁追而可得御意候条、此等之趣御取成所仰候、恐々謹言、

つまり、伽藍再興のような件は、若年の秀頼では決定はできず、実際は家康と茶々の二人が命じているので、両者の意思を確認するまでの猶予を求めている。

同じ年、北野社の造営については高台院が大坂に出向いて直談判し、茶々の協力を得ることに成功し、その旨を京都所司代板倉勝重まで報告した（『北野』一七三）。九月十三日には秀頼の沙汰により、片桐且元を奉行として、北野社の造営が開始され、十二月十三日に遷宮を終えた（『孝亮』）。

このように、表向きは秀頼を施主としながらも、実際には茶々の意思が重要な決定権を握っており、それは豊臣摂関家の第一夫人北政所《きたのまんどころ》として茶々より優位にあった高台院ですら自由にできない性質を帯びるようになっていたことがわかる。家康は秀頼の後見人と

して公儀を預かる立場にあったが、家康が大坂を離れ伏見に移ったことで、おのずと秀頼生母の茶々が後見人としての立場を強めることになり、おふくろ様がさまざまな意思決定に関わるようになっていったといえよう。

天下人への布石

新将軍徳川秀忠

慶長九年（一六〇四）江戸で越年した家康は、翌十年正月九日に江戸を発《た》ち、駿府に立ち寄ったのち、二月十九日に伏見に到着した。秀忠は二月二十四日に江戸を発ち、三月二十一日に上洛した。源頼朝（「右大将殿」）の入京の例にならい、大津より山科を経て京都に入り、大勢の見物人がこれを出迎えたが、大坂では秀頼が警戒したと伝わる（「大坂には御ひろい様御用心也」『樺山紹剣自記《かばやましようけんじき》』）。四月十六日に秀忠は将軍宣下をうけ、五月一日に伏見城で大名・小名が新将軍に礼を行い、三日から五日かけて祝儀能が催された（『当代記』『義演』）。

しかし、祝賀気分は長続きせず、七、八日頃には大坂の庶民が荷物を運び出して右往左往する騒動になった。理由は、秀頼が伏見、さらに京都に上るのが「尤も」であるとの家康の「内存」が示され（「秀頼公伏見へ上給、其上々洛し給尤の由、右府家康公有内存」）、この旨を京都にいる高台院（浅野寧《ねい》）が大坂に告げたことによる。これを家康と高台院の二人の強い連携とみる説もあるが、家康の意向は「内存」とあるように、表向の正式ルートで伝えるとさまざまな難しい問題が生じることが予測されたため、高台院を通じた奥向の内証ルートを用いて「内存」を伝え、大坂方の意向をうかがったと理解した方がよい。

しかし、予想にたがわず茶々の猛反対にあった。

（原文）

秀頼公母台、是非共其儀有之間敷、若達而於其儀者、秀頼公を令生害、其身も可有自害の由、頗宣間、

（現代語訳）

秀頼公の母台が、ぜひともその儀（上洛）はあってはならない、もし、どうしてもその儀とあれば、秀頼公を殺させて、ご本人も自害するとひどくおっしゃるので、

右は家康の動静を伝えた『当代記』の記事なので、徳川方の観点から記された点に注意する必要があるが、上洛するなら秀頼を殺すというくらいなので、上洛反対の真意は、秀

頼の生命を第一に案じたというよりは、上洛すれば家康・秀忠への臣従を認めることになり、秀頼の体面を汚すことこそが大問題だったと捉えられる。

上方大名の反応

『当代記』では続いて「上方大名」の反応を記している。

秀頼公伏見へ上給事、無勿体《もつたいなし》の由、上方大名共の中より、大坂へ有内通之由云々、依之秀頼公上洛延引也、

ここに具体的な名は記されていないが、『武徳編年集成《ぶとくへんねんしゅうせい》』（一七四一年献上）では「福島《正則》・加藤《清正》ら」としている。つまり、上方大名とは、豊臣恩顧の大名のことであり、そのなかに秀頼が伏見に上ることは遺憾だとする内通者がいて秀頼の上洛が延引したというのだが、上方大名が「伏見」に上ることのみを問題視した点に注目したい。

家康を五大老筆頭から天下の公儀の第一人者たる天下人へと地位を押し上げたのは、関ヶ原合戦に勝利した大軍事動員力にあり、家康が世嗣秀忠に将軍職を譲っても天下人の地位の継承にはつながらなかったし、天下持ち回りの観念からいえば次に誰が天下人になるのかは不透明だった。しかも、このとき、秀頼は家康辞任後の右大臣に、秀忠は将軍宣下と同時に秀頼辞任後の内大臣に就任した。官位は、家康→秀頼→秀忠の順になる。

つまり、秀頼が自身より高位にある天下人家康（京都＝二条城）に礼に出向くのは避け

られないとしても、位の低い将軍秀忠（伏見城）に礼に出向くのは遺憾とするのは、それなりに正当な意見であった。江戸期になると天下人と将軍が同一人物となるため、将軍職に就くことは天下人になることと同義になるが、この時期は天下人と将軍は必ずしも一致していなかった。征夷大将軍は武家の棟梁という伝統ある役職ではあるが、官位のうえでは五位相当の令外《りようげ》の官であることを忘れてはならない。

それゆえ、家康は「二条城に礼にくるついでに伏見城（秀忠）に立ち寄ってはいかがか」という「内存」を伝えたのだが、秀忠は秀頼の岳父にあたるから、それを見舞うのは自然なことでもある。よって、家康側も無理難題を一方的に押しつけたわけではない。

しかし、茶々の猛反対にあい、それに同調する上方大名も少なからずいたことで、徳川方が折れた。五月十一日には新将軍秀忠の名代として、家康末子で十四歳の忠輝が大坂城に派遣され、秀頼を見舞った。鶴峯宗松はこの日の日記に、「大坂一件無事と云々、珍重」と記している（『鹿苑』）。

黒印状の発給

秀吉が関白就任後に用いた朱印状（「御朱印」）は、天下人の書札礼《しよさつれい》として認知されていた。関ヶ原合戦後に天下人となった徳川家康は、はじめは朱印状を用いていたが、すぐに黒印状（「御黒印」）を発給するように改める。たとえば、島津に対しては慶長八年（一六〇三）十二月二十八日付の歳暮の返礼状から黒印状を使用し始めた（島津家文書）。江戸幕府将軍が発給した文書の書札礼では、書判（花押）↓朱印↓黒印の順で厚礼から薄礼という形式が整えられるから、天下人となった家康は朱印状よりも薄礼の黒印状を天下人の書札礼として採用したことになる。家康はかつての同輩であった毛利や上杉にも黒印状を発給して、尊大な態度を示した。

一方、秀忠が慶長十年に将軍職を襲職すると、次第に贈答などの返礼状として発給する内書に黒印状を用いる頻度が増えてくるが、父のかつての同輩であった毛利輝元や上杉景勝に対しては花押を用いた書判状（判物）という厚礼の書札礼を用い続けた。秀忠が旧来の関係を払拭するにはなお時間を要し、元和二年（一六一六）に家康が死んで天下人の地位を引き継いだあとも書判状を発給し続けている（福田千鶴「豊臣秀頼発給文書の研究」1・2）。

これに対し、秀頼が発給した内書は最初から黒印状であり、管見の限り判物は慶長二十年の一例（一八五頁参照）を除き存在しない。慶長八年十二月二十四日に島津忠恒に宛てた片桐且元の書状によれば、秀頼と茶々に贈られた歳暮の祝儀を饗庭局《あいばのつぼね》が披露したので、同局からの「御ふみ」が出されることと、使者岩切雅楽助《いわきりうたのすけ》に小袖一つが与えられたことを

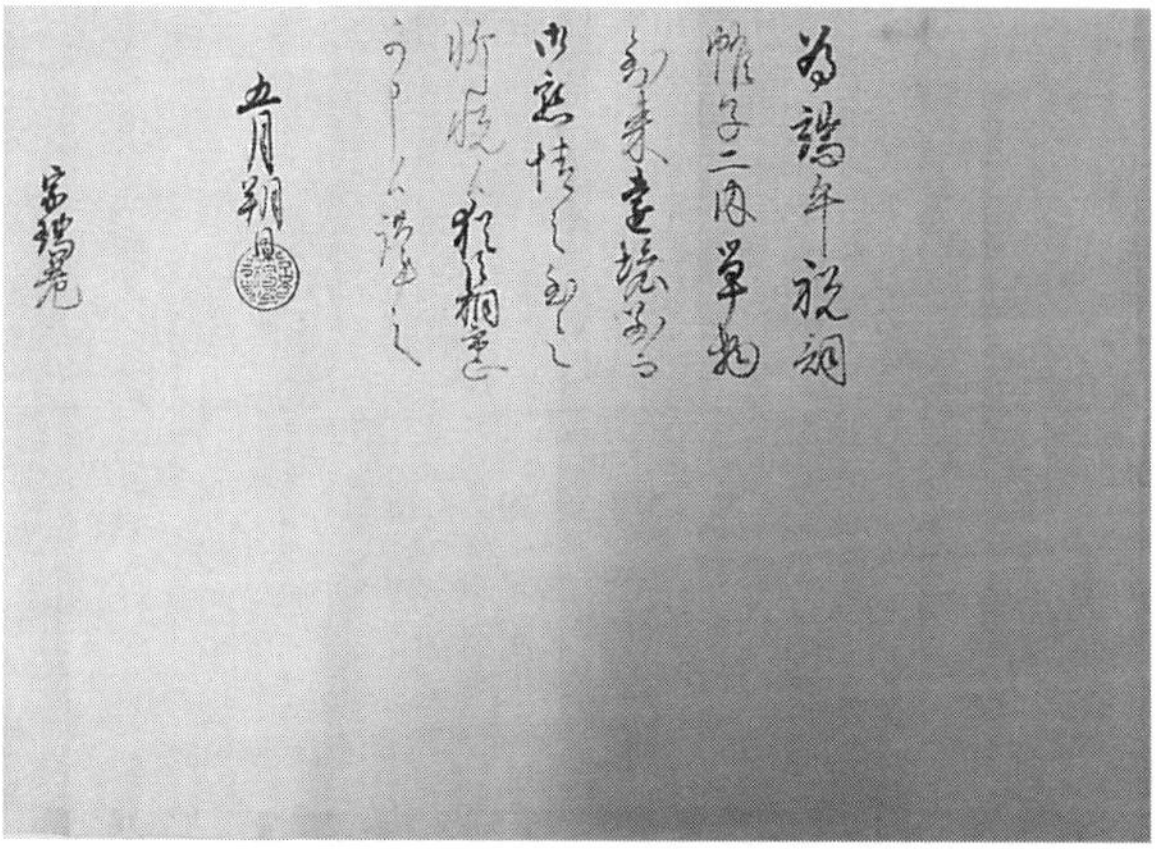

図７　５月１日付豊臣秀頼黒印状（宗瑞老＝毛利輝元宛）（毛利博物館所蔵）

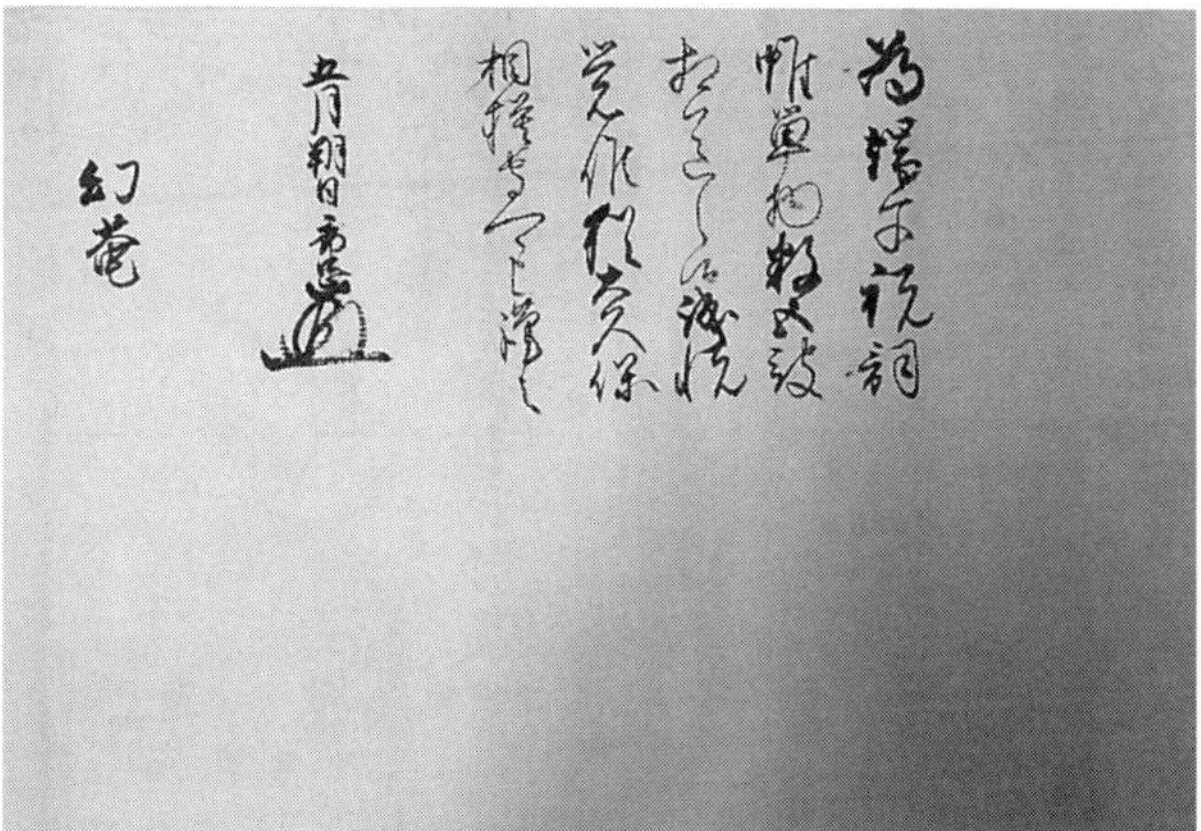

図８　５月１日付徳川秀忠書判状（幻庵＝毛利輝元宛）（毛利博物館所蔵）
毛利輝元は関ヶ原合戦後の慶長５年10月より宗瑞幻庵を名のり，大久保相模守（忠隣）は慶長19年に失脚するので，その間の発給となる．

伝えるだけで、秀頼の内書は発給されていない。しかし、慶長十年二月二十一日付で片桐且元と同貞隆がそれぞれに島津家久に宛てて発給した書状では、且元の披露で秀頼に年頭の進物を献上し、「祝着」である旨の秀頼黒印状（「御墨印」）が渡されたとある（『薩藩旧記』）。残念ながら、その原文書は現存しないが、『家久公御譜』にも「黒印之書」の発給があったことを記している。要するに、遅くとも数えの十三歳となった慶長十年の年頭の返礼から、秀頼は黒印を用いた内書の発給を開始したと推定できる。

このように、秀頼は判に関しては将軍秀忠より薄礼の書札礼を用いて諸大名との贈答儀礼を行っていた。しかも、黒印状を発給した範囲は加賀前田・米沢上杉・萩毛利・鹿児島島津・仙台伊達・広島浅野・佐賀鍋島・岡山池田・津藤堂・徳島蜂須賀・秋田佐竹・高知山内・盛岡南部などであり、秀忠が書判状しか発給できなかった大名も含まれている。関白に就任しなかった秀頼は朱印状を発給できなかったという評価があるが（森田恭二『悲劇のヒーロー　豊臣秀頼』）、そうならば秀頼は書判状を用いたのではないだろうか。秀吉や秀次も、関白就任以前の低い立場では、大名に対して書判状を発給したからである。

つまり、秀頼は自己を低く位置づけたゆえに黒印を使用したわけではなかった。書判（花押）ではなく黒印を用い続けたところに、家康の向こうを張ろうとする秀頼の矜持がみえる。

秀頼の交流範囲

秀頼が慶長四年（一五九九）正月に伏見城から大坂城に移ると、籠のなかの鳥のように世間から隔離されていたかのようなイメージがあるが、黒印状の発給範囲に示されるように決してそのようなことはなかった。とくに西側の大名・小名は、上洛の際や駿府・江戸に向かう途中で大坂城の秀頼に挨拶に出向いている。秀頼が大坂城に居座る限り、秀頼と西国大名・小名との関係を断ち切らせることは地理的に難しかったといえよう。

朝廷と秀頼の関係については拙著『淀殿』でも触れたが、藤井譲治氏の近年の研究でも詳しく述べられており（『天皇と天下人』）、朝廷とは折りあるごとに交流していた。とくに年頭の礼は欠かすことなく名代を派遣し、朝廷からも秀頼に返礼の勅使が派遣された。公家・門跡・寺社から秀頼への惣礼は、慶長四年正月八日、同五年四月一日、同六年正月二十九日、同七年三月二十一日、同八年二月二十一日・八月十一日、同九年正月二十八日、同十年正月二十九日、同十一年正月二十五日、同十二年正月二十八日、同十三年正月二十七日、同十四年正月十八日、同十五年正月十八日、同十六年正月二十八日、同十七年正月二十八日、同十八年正月二十六日、同十九年正月二十三日に大坂城で行われた（相田文三

「豊臣―徳川移行期の政治構造についての研究」)。

これに参列するかどうかは個々人の判断に任されており、慶長十六年に壬生孝亮《みぶたかすけ》が「予《（孝亮）》近年不参也」と日記に書いたように、少しずつ人数は減る傾向にあったようだ。しかし、二条城会見後の翌十七年からは大坂に出仕するため禁裏御番の調整が必要になるほどで（『言緒』）、同十八年元旦には後陽成《ごようぜい》院から も歳首の使者が派遣され、惣礼も「例年ヨリ礼者多、堂上一列ニモ五十人余」という盛況ぶりとなり、同十九年は禁裏御番に残る人員を籤取りで決めるまでに盛り返した（『時慶』）。

家康と朝廷とは官女密通事件の処理や後陽成帝の譲位時期をめぐって対立し、さらに慶長十八年六月十六日には公家衆法度五ヵ条を定めて武家による公家の統制力を強めていたから、秀頼が成人するにつれて公家が豊臣人気に靡《なび》くのには一理あったといえよう。

成人した秀頼

慶長十二年（一六〇七）、秀頼は数えの十五歳となった。秀吉が家康に対し、もし秀頼が立派に成人していれば、天下を返してくれるように頼んでいた年齢である。この年の正月十一日、秀頼は右大臣を辞任した。後任には、大納言九条忠栄《くじょうただひで》（二十二歳）が内大臣を経ずに就任した。なお、こののちも秀頼は右大臣、右府《ゆうふ》と呼ばれ続けた。辞官しても無位になるわけではない点には注意が必要だろう。同年正月十六日、三宝院義演は大般若経転読のため大坂城に登城し、読経を終えたあと、茶菓子の振る舞いと布施をうけ、秀頼に対面して進物を献上し、盃を頂戴して退出した。これは例年通りのことであった。

翌十三年は正月十六日に読経を行った。ところが、この年はこれまでと次第が大きく異なっていた。仏前における大般若経転読が一時《いつとき》半（約三時間）ほどで結願《けちがん》となり、施主である秀頼が聴聞している御座の間に向かうと、秀頼は蹲踞《そんきょ》の姿で平座していた。ついで施主（秀頼）に対する加持祈禱となったが、去年までは施主は退去していたが、今年は加持の間も秀頼は坐したまま祈禱をうけた。これに接した義演は「神妙也、御成人珍重々々」と記している。

さらに、通例通り茶菓子の振る舞いや布施をうけたあと、秀頼に対面して礼を行い盃後に退座となったが、この御礼沙汰にもはじめて秀頼が同席し、義演が秀頼からうけた盃の返礼を秀頼もうけただでなく、その盃に口を添えたという。続いて十五人の経衆に加え、四〜五人が召し出されて盃拝領となったあと、退座となった。

片桐たちからは通常通りの見送りをうけたが、本日は秀頼も見送りするとのことであった。「しい、しい」と人を静める声を聞き、義演が立ったまま振り返ると、驚きの光景があった。下壇まで見送りに出た秀頼が、蹲踞して義演に本日の礼を述べたという。秀頼からの見送りをうけるのも今年がはじめてであり、義演は「今度始テ御沙汰、御成人ノシルシ、過分々々」と感想を日記に書き留めている（『義演』）。

帝鑑図説の出版

秀頼の教養は、当代一流の学者を招聘して習得し、高められた。慶長二年（一五九七）五歳の折りに早くも「南無天満大自在天神　住吉大明神」の神号を墨書して残しているが、それ以後も「豊国大明神」をはじめ、「龍虎」そのほか多数の筆跡があり、神号仏号・古歌・漢詩だけでも相当な達筆が現存している。和歌・連歌・詩歌・漢詩等をはじめ、貞永式目・憲法・二十一代集・職原抄・禁秘抄《きんぴしょう》・徳失鏡・貞観政要・三略・呉子・四書五経等、法制・文学・儀式・故実・兵学・儒学等に及んだ（『義演』『時慶』『慶長日件録』）。国文学者の松田修氏は、虚構としての存在性が堂上《とうしょう》階級そのものであり、天皇そのものの構造と重なることを論じるなかで、「秀頼が、諸芸能に堪能であったことは、後年の『禁中並びに公家諸法度』的な線上における天皇化（実体としての無化、虚構化）であるとも考えられるだろう」と指摘している（「伝授の虚構性」）。

武道に関しては、肥満のため馬にも乗れなかったかのように伝えるものもあるが、天下人を狙う者として、そのような育てられ方はしなかっただろう。事実、弓術の六角義弼《ろっかくよしすけ》、槍術の渡辺内蔵助糺《わたなべくらのすけただす》、薙刀・棒・長刀を使う穴沢盛秀《あなざわもりひで》、居合術の片山久安《かたやまひさやす》が秀頼のそばに仕えており、彼らから「武」に対する教育をうけていたと考えられる。ほかにも、鷹狩・茶道にも親しんでいたことがわかっている（井上安代『豊臣秀頼』）。

秀頼の文化事業の特筆すべきこととしては、慶長十一年に『帝鑑図説』を覆刻出版したことがある。秀頼は、このとき十四歳である。

『帝鑑図説』とは、中国明王朝の隆慶六年（一五七二）に、十歳の幼年で即位した神宗万暦帝《しんそうばんれきてい》の教育のために家臣の張居正《ちょうきょせい》が編纂した帝王学の教科書で、中国歴代帝王の善行八十一、悪行三十六の逸話を収録し、それぞれに挿絵を入れ、短い簡潔な本文と解説文を加えたものである。これを和刻本として出版したのが、「秀頼版」と呼ばれる『帝鑑図説』である。「秀頼版」の挿絵をもとに多くの帝鑑図押絵貼屏風が作成され、江戸城をはじめ、屏風が現存する尾張名古屋城本丸御殿など、為政者の住む御殿空間に供えられた

図9　豊臣秀頼自筆神号「豊国大明神」（大阪城天守閣所蔵）

（朝日美砂子「帝鑑図の成立と展開」）。『帝鑑図説』は幼児向けに作られたとはいえ、内容は決して幼稚なものではなく、大人の鑑賞に堪えうる教養書であった。

それゆえ、慶長十一年三月に西笑《せいしょう》承兌《じょうたい》が寄せた『帝鑑図説』跋文には、「秀頼公が朝夕にこの書を手にして読み、本書の出版を命じたもの」と出版の経緯を説明し、「妙年に及ばずして学を志し、老成人の風規がある」と秀頼の人となりを称賛している。

秀頼の政権ブレーン

『帝鑑図説』は万暦帝即位の翌年には早くも上梓されたので、この出版には万暦帝を帝王として育てること、および同帝の傅育と『帝鑑図説』の出版に関わった呂《ろ》調陽《ちょうよう》や張居正らが、今後政治的主導権を発揮するのだという宣言を広く世に知らしめる政治的意図があったとされる。秀頼の場合は、同じ時期に家康がいわゆる「伏見版」「駿河版」と呼ばれる政治学の書籍を古活字本として出版していたから、「秀頼版」の出版行為には家康の政治的な出版事業に対抗するとともに、万暦帝と同様に為政者として秀頼を立てていくということを表明する秀頼周囲の人々の思惑があったと考えられる（入口敦志「権力と出版―『帝鑑図説』から見えてくること―」）。すなわち、秀頼が天下人豊臣秀吉の正統なる後継者として帝王学を学んでおり、それを補佐する聡明な家臣たちがそば近くに仕えていることの宣言であった。

ただし、「秀頼版」の出版部数や出版に具体的に携わった人物などは判明しない。秀頼の政権ブレーンとして考えられるのは第一に片桐且元だが、彼がどのような教養の持ち主だったのかは明らかではない。且元と懇意の仲であった鶴峯宗松は大坂城下に出向くとほぼ必ず且元邸を訪ね、酒などの振る舞いをうけている。訴訟の相談など深刻な問題で訪ねることもあったが、単に且元の囲碁をみて帰ることもあった。慶長十一年（一六〇六）正月二十七日に大坂城に年頭の礼に出向いた宗松は、まず且元のもとに出向いて対顔して扇子五本を献じ、且元と同道して登城し、秀頼に一礼した。その場には小姓が伺候しており、礼者に美濃柿二つを与えていた。宗松は、「例年は秀頼公の御手自ら菓子を賜るのに、今日は人が多いゆえ、小姓なのか」と感想を漏らしている。下城後は且元邸で大酒を飲み、「沈酔」した（『鹿苑』）。宗松と同様に「沈酔」することの多かった且元に、『帝鑑図説』の出版に込められた政権ブレーンとしての自覚があったかどうかは、なお検討を要するだろう。

秀頼蔵入地の所在

秀吉の全国統一過程のなかで累積された太閤蔵入地は、天正十六年（一五八八）段階で領国五十ヵ国の内で二百万石余であったのに対し、慶長五年（一六〇〇）以後の秀頼知高は表3の摂津・河内・和泉の三ヵ国計六十五万

表３　秀頼の領知高

	文禄３年国別石高	慶長19年書上
摂津	356,069	309,900
河内	242,105	308,800
和泉	141,511	38,700
計	739,685	657,400

出典　『当代記』『落穂集』より作成.

七千四百石余であったという（『落穂集』）。これは慶長十九年に片桐且元が駿府で家康に報告した際の分附《ぶんづけ》というので、方広寺《ほうこうじ》鐘銘事件前の大仏供養の打合せ、あるいは事件後に弁明のために駿府に赴いた際に報告したものだろう。秀吉のときから比べれば、三分の一以下の領知高であった。内容も、文禄三年（一五九四）の伏見城築城時の国別石高と比較すれば、河内国は石高が大幅に伸びているが、摂津・和泉は一国規模に及ばず、一円知行をなし得ていないことがわかる。

このことは秀頼が「一大名化」したことの根拠とされるが、実際に秀頼の蔵入地は摂河泉の三ヵ国に限定されるものではなかった（美和信夫「慶長期江戸幕府畿内支配の一考察」）。慶長九年三月二十八日に片桐且元は讃岐国代官所における天正十八年以降の蔵米皆済目録を丸亀城主生駒一正に与え（「生駒家宝簡集」）、同十年には讃岐国小豆島で検地を行い、元和元年（一六一五）まで代官を勤めていた（「小豆島風土記」）。

また、慶長十七年九月二十八日付で秀頼が黒印で発給した知行宛行《あてがい》状が六通残されており、その知行地は山城国綴喜《つづき》郡、河内国讃良《ささら》郡・同古市《ふるいち》郡、摂津国能勢《のせ》郡、近江国栗田《くりた》

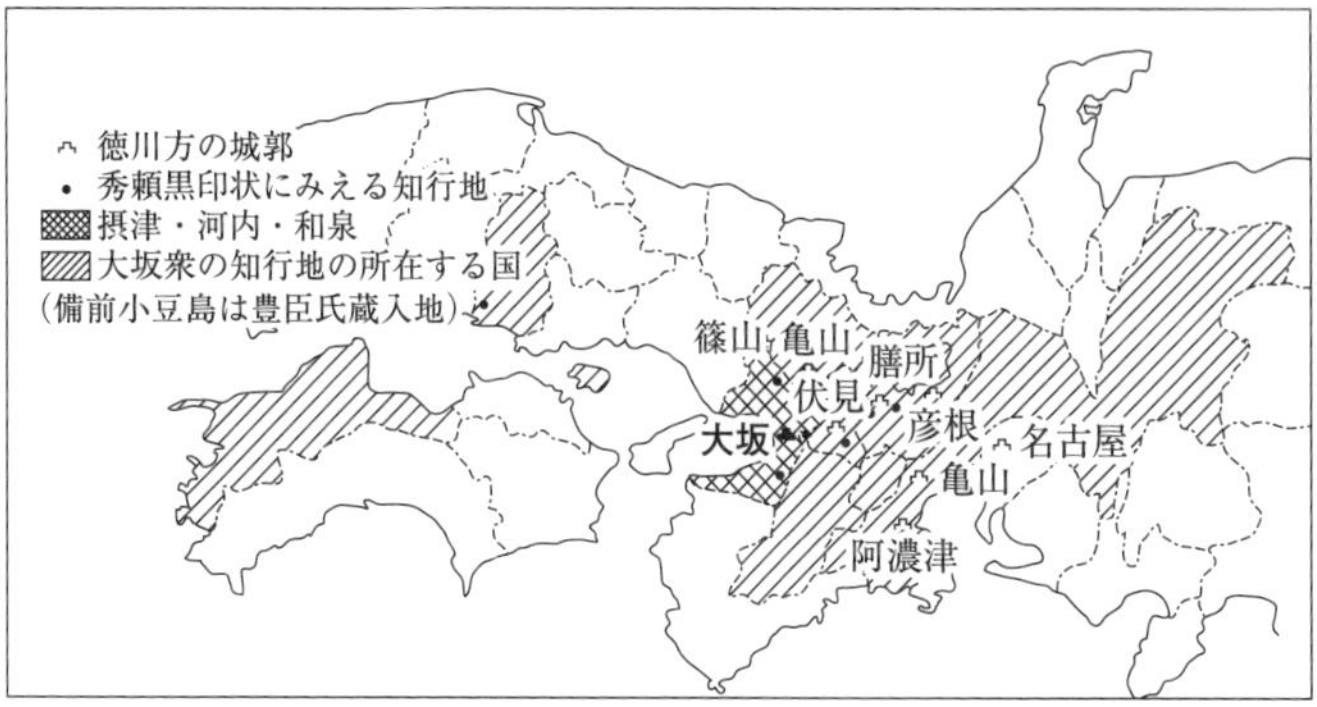

図10　大坂衆の知行地と大坂包囲網関係略図
（下村信博「家康開戦への布石」より）

郡・同蒲生《がもう》郡、備中国小田《おだ》郡と五ヵ国七郡に及び、摂河泉に限定されていない。いずれも新規宛行の形式をとるので、秀頼蔵入地からの宛行とみなされるし、秀頼の家臣団形成一つの画期が慶長十七年にあった点でも注目される。

慶長十六年三月に禁裏普請に動員された「大坂衆」四十四人（一六六〜一六八頁参照）の知行地をみると、右の五ヵ国に加えて信濃・美濃・大和・丹波・伊予の計十ヵ国、石高十九万七千六百七十石に及んでいる。このほか伊勢にも秀頼家臣の知行地があり、備中国には「大坂侍」の知行地五万八千石があり（「大坂冬陣記」）、大坂冬の陣の際に家康は備中国奉行小堀政一を動かして「大坂知行所」の年貢を没収させ、陣後は岡山に配置された池田忠雄の所領に組み込ませている（久留島浩『岡山県史』近世Ⅰ）。

秀吉の死後であろうと、領知支配を保証する根拠は秀吉が発給した朱印状にあったから、天下人家康としては、秀頼と彼らとの主従関係を断ち切り、家康が領知を安堵する形式に改めることで全国の領知宛行権を把握する必要があったが、すでに述べたように家康は領知宛行権を曖昧にしたまま公儀を運営した。それは、これだけ広範囲におよぶ秀頼蔵入地と豊臣家臣団の領知の存在を確認するならば、曖昧にすることで対立を顕然化させない方が徳川政権にとって得策であった経緯がより深く理解できるだろう。

大坂城の蓄財

大坂夏の陣において大坂城は灰燼に帰すが、その焼け跡から多くの金銀が没収された。その額は、金二万八千六十枚、銀二万四千枚であった（『駿府記』）。落城当時でも、相当量の金銀が大坂城には蓄えられていたことがわかる。

元和二年（一六一七）三月、死を直前にした家康は財産改めをしたらしく、幕府金座を統括する後藤庄三郎が家康から嫌疑をうけることになった。それは、十三ヵ年以前に秀頼から上納された十三箱の金子を改めると、その状態が悪かったからである。庄三郎の返答では、もともと金子の状態は悪く、値を下げてうけ取って右の箱に入れており、その入記を確認するよう願い出たところ無事に嫌疑は晴れた（山内家文書「長帳」）。十三ヵ年以前といえば慶長九年（一六〇四）以前となり、秀頼から金子をうけ取った用途は不明だが、仮に千両箱が十三箱だと一万三千両となり、一両十万円で安く見積もっても十三億円になる。

大坂冬の陣前に片桐且元が大坂城を退去するに際しては、同城の勘定頭役を勤め、知行千石・与力十騎・足軽五十人を預かる矢部五左衛門に「大坂知行方不残幷金銀米銭諸道具一切の鑑」を渡したという。落城後に「知行方幷多田銀山金銀米銭諸道具等の儀」の穿鑿《せんさく》があり、五左衛門は家康に召し出されたが、元和二年夏に頓死した。彼の母は、大坂城で年寄を勤めた伊茶局といい（『譜牒《ふちょう》余録《よろく》』）、大坂落城の際にも秀頼のそばに最後まで仕えていた女性の一人である（『難波戦記』）。

右にある多田銀山は、古く銅山として知られ、兵庫県川西市、同猪名川町、大阪府池田市に広がる銀銅山である。秀頼の知行方に加え、多田銀山の状況を家康が調査させたところに、この鉱山収入が豊臣家の大きな財源の一つであったことをうかがわせる。この後、多田銀山は幕領となり、慶安年中に摂津高槻に入部した永井氏の支配となり、万治・寛文年間の開発により生産量が増大し、寛文二年（一六六二）に幕府代官所が置かれた。

西洋人がみた秀頼

最後に西洋人による観察を述べておこう。『日本耶蘇会年報』一六〇五年によれば、秀頼はキリスト教に帰依することはなかったが、これは母の影響なのだという。

実を言へば、其代りに、故太閤の妻にして、秀頼の母なる政所様〔Mandocorosami〕は、凡《すべ》ての旧き堂を改築し、又は之を壮麗にし、尚、京都及び其地方に於て新しく建築する為に、測り知らず費用を投じたり、

寺社建築に巨財を投じたとあるので、「政所様」とは北政所《きたのまんどころ》浅野寧ではなく、秀頼生母の浅井《あざい》茶々である。反キリスト教の茶々を批判する文章なので、茶々に対するお世辞で関白の妻の尊称（「政所様」）を用いたわけではないだろう（慶長十年に秀頼の上洛を反対した際の記事にも「秀頼の母政所様」とある）。一六〇三年といえば、まだ秀頼は数えの十一歳だから、宣教師たちにも豊臣家による社寺造営の実質的命令者が秀吉の妻の一人で秀頼生母の茶々であることは明白だったことがわかる。

慶長九年正月に家康は江戸で松前慶広《よしひろ》に蝦夷地交易の特権を与え、同十二年五月に朝鮮国使節を江戸に参府させ、同十五年には前年に琉球を支配下に置いた薩摩の島津家久が琉球王尚寧《しょうねい》を伴い、八月四日に駿府で家康に謁見後、九月十二日には江戸に下って秀忠に謁見させた。このように江戸城は外交儀礼の場としての位置を得つつあったが、一六一一年（慶長十六）七月に来日したオランダ人ジャック・スペッキスたちは、「日本の正統の皇

帝」たる秀頼が家康の死後は帝位に就く可能性があることから、ポルトガル人同様に大坂城の秀頼に贈物をした（「和蘭東印度商史」）。これは二条城会見後のことであるから、西洋人たちが成人した秀頼をいまだ無視できない存在と認めていたことを示している。

このように、家康の数々の努力にもかかわらず、秀頼の存在を消すことはできなかった。対する秀頼は、成人するにつれ着々と天下人への地歩を固めつつあった。

二条城会見

慶長十六年（一六一一）、秀頼は数えの十九歳になった。この年、家康は秀頼を京都二条城に呼び出して対面した。いわゆる二条城会見である。この大一番の勝負の先手《せんて》を仕掛けたのは、いうまでもなく家康であった。

先手・徳川家康

慶長十六年三月二十七日には、後陽成《ごようぜい》帝の譲位の儀式が予定されていた。家康は三月六日に駿府《すんぷ》を発《た》ち、十七日に京都に入り、すでに上洛していた西国諸大名が山科追分まで迎えに出た。東国諸大名五万人が供奉《ぐぶ》し、家康の輿前の徒立《かちだち》の者は三百人余、騎馬武者は七〜八百人という大部隊であった（『義演』）。

しかし、家康は譲位行幸に諸大名が供奉することは無用とした。義演は、先代の正親町《おおぎまち》院のときは残らず供奉したのに、今回略するのはいかがなものか、と疑問を露わにした（『義演』）。この様子から、大部隊を率いての上洛は、譲位行幸を飾るためではなく、大軍事指揮権が天下人家康の手中にあることを誇示することが第一義的な目的だったとわかる。

加藤清正らの緊張

加藤清正が三月二十五日付で竹中重利に送った書状には、秀頼の上洛をめぐる緊張をよく伝えている（大阪城天守閣所蔵文書）。意訳文を示すと、「（前略）先程は古田織部とともに、ゆっくりお話しでき満足しています。よって、明朝の茶会は忝《かたじけ》ないことですが、只今、京都より拙者の噂を（家康様が）しているので、明朝上洛してお目見えするのがよいということになり、藤堂高虎と朝食をとる約束をしたので、明朝は伺えないのは残念です。秀頼様の御上洛が終われば、ゆっくりと参会しましょう。また、福島正則の病気を拙者が見舞うのは、秀頼様の御上洛前は遠慮した方がよいことを承知しました。これは御返報としていっているのではありません。愛宕八幡に誓って、只今平五を呼び、そう（正則の所へ）申し入れる所でしたが、私の心中のごとくにお知らせいただいたことは分別相応のことです。正則へもよく心得るようにお伝えください。いずれも京都でお話ししましょう」という内容である。

秀吉恩顧の加藤清正の動向が注目され、病気とはいえ福島正則を見舞うのは遠慮すべきとする共通認識があり、それを竹中に重々承知と伝えたところに、家康を刺激しないようにと神経を尖らせる豊臣恩顧の大名たちの姿が浮きぼりになっている。

秀頼の上洛

三月二十七日巳の刻（午前十時頃）、秀頼は大坂城を出発して淀川を船で上り、路次中は鷹狩りを楽しみ、船の小橋の西、水車がある所に船を停泊させて一泊した。翌日早天に淀に上陸し、竹田通りから京都に向かい、まず片桐且元の屋敷に入り、そこで肩衣・袴に着替え、それより二条城の家康屋敷に向かった。片桐且元が供の者は小勢でと指図したため、児小姓・詰・祐筆・奏者番までが供奉した。京都からは家康の九男で十二歳の右兵衛義利《よしとし》（のちの尾張徳川義直《よしなお》）と十男で十歳の常陸介頼将《よりのぶ》（のちの紀伊徳川頼宣《よりのぶ》）が鳥羽まで出迎え、ともに京都に向かった（石原重臣氏所蔵文書、松井文書ほか）。

辰の刻（午前八時頃）に秀頼は二条城に到着した。家康は庭上まで出向き、秀頼が慇懃《いんぎん》に礼をした。家康が先に屋敷のなかに入り、続いて秀頼が入った。「御成の間」には先に秀頼が入って座し、そのあとに家康が入って「互いの御礼あるべし」、つまり対等の礼をしようと提案したが、秀頼が堅く「斟酌《しんしやく》」（遠慮）したため、秀頼が家康に礼をする形となった。ついで饗応の場となり、美麗な膳部が調っていたが、かえって遠慮がち（「隔心」）になるので、吸い物のみが出された。秀頼が政母様《まんかか》と慕う高台院が相伴《しょうばん》し、すぐに座をたって義利・頼将が途中まで見送りをした。秀頼は豊国社に参詣し、大仏を見て、伏見より船で淀川を下り、酉の刻（午後八時頃）に大坂城に戻ったという（『当代記』）。

会見は「一時計《いっときばかり》」（約二時間）であり（『義演』）、細川忠興《ほそかわただおき》の書状（松井文書）では未上刻（午後一時過頃）に秀頼が豊国社へ参詣したというので、午前中に終わったのだろう。忠興の情報ではそのまま船で大坂城に下ったというが、義演は加藤清正の伏見邸に立ち寄ったと記している（『義演』）。

なお、義利には浅野幸長《よしなが》、頼将には加藤清正が供をし、藤堂高虎も秀頼の迎えに鳥羽まで出向き、二条屋敷へは浅野幸長・加藤清正・藤堂高虎の三人と池田輝政が同行し、そのほかの大名・小名は一人も出座しなかった（松井文書）。その理由は、秀頼の出迎えを禁じる法度が出されていたからである（四月四日付片桐貞隆書状・山内家文書）。

家康の要求

「慶長之記」（岩瀬文庫）によれば、会見の終わりがけに家康は次のように述べたという（読み下し文）。

豊国大明神《（豊臣秀吉）》仰せ置かるるごとく、十五歳の時天下を渡すべき儀に候得共、すでに青野《（関ヶ原）》合戦凶徒等上味《（ママ）》、我を退治せんと有条分明也、起請ハそなたより御破りあれば力に及ばず、さりながら太閤恩忘れ難く候条、いかなる御用をも承るべき也、又大坂に相詰る諸士一万石以上の人々向後《きょうこう》駿府へ隔年に詰るべし、徒《いたづら》に日を送り候えば作法悪しきもの也、

つまり、秀吉の遺言では秀頼が十五歳になれば天下を渡す約束だったが、関ヶ原合戦で家康を退治しようと起請を破ったのは秀頼側であるから、約束を反故にされても仕方がない。しかし、秀吉には恩があるので何用でも引きうけるが、今後は大坂に詰める一万石以上の者は隔年で駿府に詰めるように、という内容である。続く箇所では、そこに加藤清正が「大坂には御待候ハん、御帰り然るべき哉」と割って入り、秀頼が「尤も」と答えて座を立ったとしている。

これと同様の記事が寛文十二年（一六七二）の奥付を持つ「大坂日記」にあるが、そこには清正は登場せず、家康が右の内容を片桐且元によく心得るように伝えたとある。

要するに、家康は関ヶ原合戦の勝利により天下人となったが、それは秀頼が成人するまで天下を預かる立場としてであった。秀吉の遺言で、その律義《りちぎ》を見込まれ、外祖父として秀頼の取り立てを頼まれた家康は、五大老筆頭の立場から抜け出せても、秀頼の親族後見人の立場を抜け出せないでいた。義を重んじる武士の面目もあり、家康は簡単にその立場

を放棄できないでいたが、合戦から十年を経て、ようやく秀頼守護を名目に秀吉恩顧の大名を動員し得たという事実を過去のものとし、合戦が生じた原因は起請を破った秀頼側にあると難癖をつけ、成人した秀頼に天下を渡さないことの正当化を図ったのである。

このように、会見は当事者間では決着しなかった節がある。にもかかわらず、世間はこの会見をもって家康が秀頼の臣従化に成功したと思い、会見の無事終了を喜んだ。

後手・豊臣秀頼

家康の軍事力を背景とした力技の攻めに対して、秀頼は冷静な頭脳戦で応じた。そのことを読み解く書状が一通残されている（京都大学総合博物館所蔵文書）。

今なお多く残る秀頼の書跡は、勢いのある堂々とした書風を伝えているが、ここで紹介する書状はさらに格調高い気品を感じさせる。秀頼の自筆になる本状は、通常の書状によく用いられる折紙だが、料紙は竪四十一・四センチ、横六十・六センチの大判を用いている。署名は「秀頼」とのみ自署し、判はない。軸を入れた箱書には「奉復　神祖豊臣殿下文書　久昌建國寺什寶」とあり、摂津久昌山建國寺伝来の宝物である。同寺は織田有楽《うらく》の屋敷跡に建てられた東照宮の別当寺であり、有楽との関係も深いので、文書は家康から有楽に下げ渡されたものであった可能性もある。

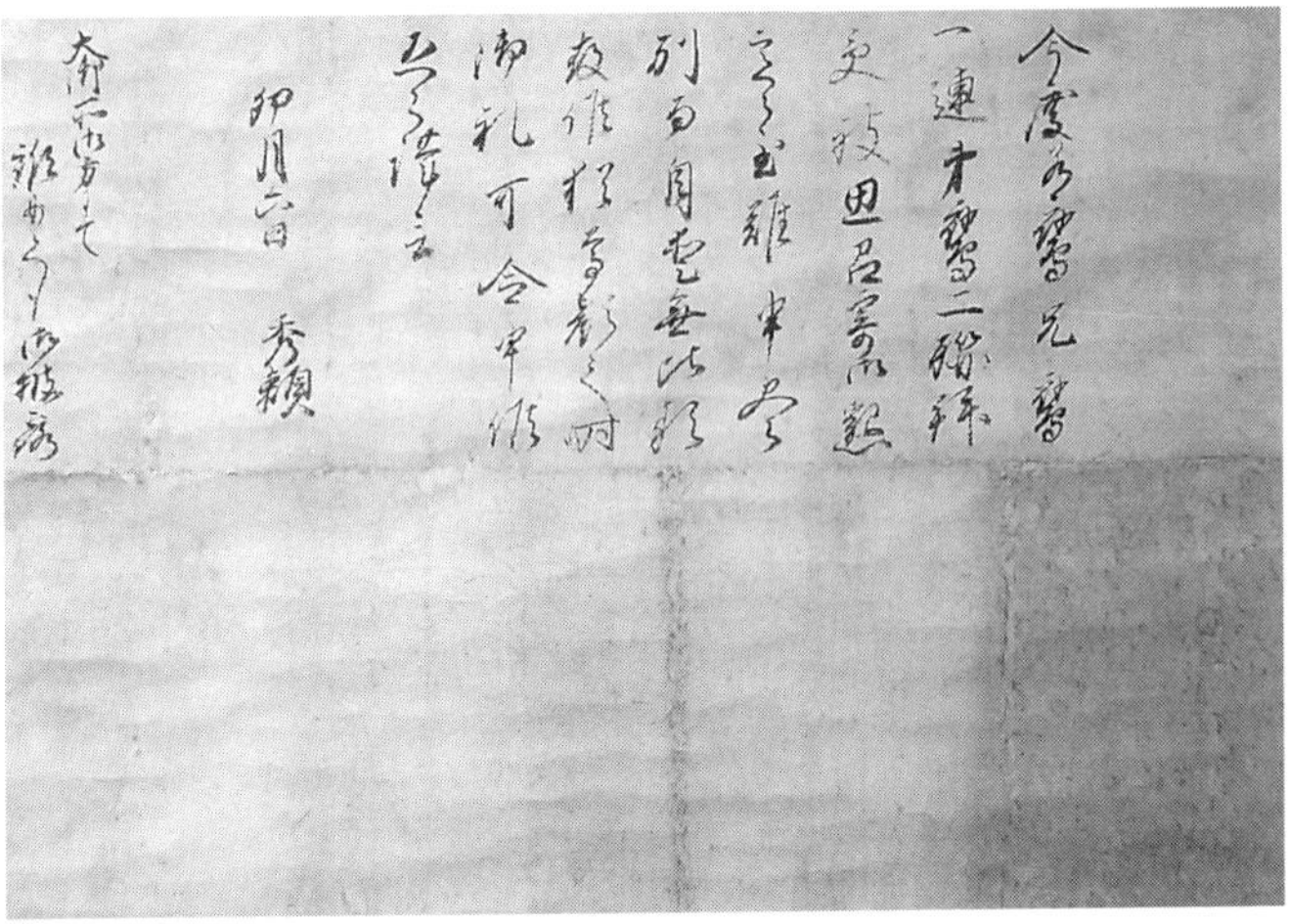

図11　豊臣秀頼自筆披露状（京都大学総合博物館所蔵）
4行目「難」と「申」の間には約1cmの空白がある．

（原文）
今度若鷹兄鷹
一連弟鷹二聯拝
受被思召寄御懇
意之至難　申尽
別而自愛無比類
存候猶尊顔之時
御礼可令申候
恐々謹言
卯月六日　秀頼
大御所御方にて
誰にても御披露

（読み下し文）

今度、若鷹《わかたか》、兄鷹《しょう》一連・弟鷹《だい》二連を拝受、思《おぼ》し召し寄せられ、御懇意の至り、申し尽くし難し、別《わけ》て自愛比類なく存じ候、猶尊顔の時、御礼申せしむべく候、恐々謹言、

（現代語訳）

この度、若鷹、内訳は兄鷹（雄）一連・弟鷹（雌）二連を拝受しました。（大御所家康が私に鷹を贈るという）思し召しをいただいたことは懇意の至りであり、（私の感謝の意を）申し尽くすことは難しいほどです。とくに私が（拝受した鷹を）愛でることは、（ほかに）比べるものがありません。猶、お会いした時に御礼をいたしましょう。

恐々謹言。

秀頼からの挑戦状

内容は、家康から贈られた若鷹三連（雄一・雌二）を愛玩している旨を告げたもので、大阪城天守閣で「豊臣秀頼展」を開催した際の図録では、この書状を二条城会見直後のものとし、「秀頼はこの書状で、進物の中でもとりわけ鷹が気に入ったといい、今度お会いした折には礼を述べたいと、会見の成功と両家の融和を素直に喜んでいる」と解釈した。会見の贈答では鷹三連があるので、本書状を慶長十六年に比定するのは妥当だろう。

ただし、秀頼が「両家の融和を素直に喜んでいる」と評価した点はどうだろうか。筆者には、これは秀頼が家康に送った最初の挑戦状ではないかと思われるからである。書状の形式は、家康の側近に披露《ひろう》を依頼する形式の披露状という丁寧なものだが、子細にみるとさまざまな書札礼《しょさつれい》上の工夫がなされているようにみえる。

まず、敬意を示すべき相手の行為を表す用語の前には、一字程度の空白をあける闕字《けつじ》という方法が用いられる。ここに闕字を用いるならば、「被　思召寄」というように、「思」の字の前に一字程度の空白がなければならないが、それがこの書状にはないどころか、意識して詰めて書かれたようにみえる。

その一方で、秀頼の行為を示す四行目「難申尽」は「難　申尽」となっていて、心持ち「難」と「申」との間に、闕字があるともないともいえない微妙な空白がある。さらに六行目には秀頼の行為を示す「存候」があるが、これも五行目の字配りを整えて改行し、自らの行為を示す用語が行頭にくるように工夫されている。行の途中で改行すれば平出《へいしゅつ》という書式になるが、それでは目立ちすぎるので、自然な形で「存候」が行頭に来るように字間を整えたものと考えられる。

このように表向きは披露状という厚礼の形式をとりながらも、秀頼自らの行為には敬意を表し、家康の行為には敬意を表さないという書札礼である。披露状とはいえ、秀頼が自筆で書いた書状だから、家康自ら本状を手にしたのではないかと思われるが、これを一瞥したときの家康の表情はいかばかりだったろうか。

なお、七行目「御礼可令申候」を「御礼を述べます」と訳したのでは、秀頼の意図を十分に伝えるものとはならない。この「申《もうす》」には「言う」とか「述べる」といった意味はなく、現代語でいえば丁寧語の「ます」に相当するもので、「言う」や「述べる」という意味を伝えるときには「申上」「申述」「申入」などと記される。たとえば、「食べ申す」「奉公申す」といえば、「食べます」「奉公をします」と訳すべきであり、これを「食べて言います」「奉公を述べます」などと訳してみれば、それが誤訳であるとすぐにわかる。つまり、ここは「御礼を述べます」ではなく、「御礼をします」という、少し広い意味で訳す必要がある。加えて丁寧語の「令《せしむ》」があるので、「御礼をします」を丁寧に訳せば、「御礼をいたしましょう」になる。

互酬性を欠く贈答

なぜこの訳にこだわるのかというと、秀頼と家康の間での贈答を詳しくみると、そこには互酬《ごしゅう》関係が成立していないことに気づくからである（毛利家文庫「豊臣秀頼御上洛之次第」）。贈答儀礼に関しては、進物を贈られたら相応のものを贈り返すという互酬の関係（両敬）が成立しているかどうかが重要なカギになる。返礼がない場合は片敬であり、返礼をしない側が上位、進物をしただけの側が下位に置かれる。この関係を前提に、具体的な贈答をみてほしい。

まず、秀頼からは、家康に太刀一腰・馬一疋・黄金三百枚・錦三十巻・猩々皮三枚・南泉の刀（秀吉愛用、一文字）一腰・脇差（左文字）一腰、義利・頼将にそれぞれ太刀一腰・黄金百枚宛《ずつ》、上臈衆・宿老衆に金銀が贈られた。

家康からは、秀頼に鷹三居・馬十疋・腰物（大左文字）一腰・脇指（鍋通正宗）一腰、同行した高台院に土産（黄金十枚・銀子百枚）、豊国社人に祝儀が贈られたが、同行した秀頼家臣への進物はない。秀頼の方が徳川方の広い範囲に贈り物をしているが、家康が贈った鷹三居・馬十疋はかなりの高額なので、金額に関してはどちらが多いとはいえない。

さて、ここで確認すべき点は、秀頼の進物に対する家康の返礼が鷹三居（連）・馬十疋だということである。換言すれば、秀頼の進物に対する家康の返礼である鷹をいくら秀頼が特別に愛玩したからといって、贈答の互酬関係からすれば、秀頼の進物に対する家康の返礼に対して、秀頼がさらに返礼する必要はないということである。

次に、四月二日には秀頼来訪への返礼のため、家康の名代として義利・頼将が大坂を訪ねた。その際に、家康からは、秀頼に銀子二百枚・綿三百把、千に銀子百枚・綿百把・紅花三百斤、千に銀子百枚・綿百把・紅花三百斤が贈られた。頼将からは、秀頼に太刀一腰・馬一疋・銀子二百枚、茶々に銀子百枚・綿百把・紅花三百斤、千に銀子百枚・綿百把・紅花三百斤が贈られたが、茶々への進物はない。

これに対して、秀頼からは、義利に腰物一腰・脇差一腰・緞子百巻・小鼓（苅田）、頼将に腰物一腰・脇差一腰・緞子百巻・能道具、義利・頼将の供衆へ腰物・呉服・銀子が贈られ、茶々からも義利と頼将の付家老四人に銀子が贈られた。とくに秀頼から義利・頼将に贈られた小鼓や能道具は、いずれも二人の嗜好に応えたもので、大坂城にわざわざ足を運んだ二人に対して秀頼は心のこもったもてなしで迎えていた。

ところが、である。二条城では進物の多寡はあったが、家康と秀頼の間では互いに進物が贈られていて互酬の関係が成立していた。一方、大坂城では、家康が派遣した名代に対する互酬の関係は成立しているが、家康が贈った銀子千枚に対する秀頼の返礼が確認できない。『当代記』の記事では、家康からの進物は銀子千枚・太刀一腰・馬一疋と額が増えているが、やはり秀頼から家康への返礼は記されていないため、史料の脱漏によるものではないとわかる。大坂城における贈答儀礼において、秀頼は家康への返礼をしない片敬で対応したのである。

秀頼は賢き人なり

その四日後、秀頼は先の自筆披露状を記した。二条城で拝受した鷹三連を愛玩している感謝の意を述べたあと、本来ならば大坂城への名代派遣や家康の進物に対する礼を述べるべきところだが、そのことには一切触れずに、次回にお会いしたときにこちらの御礼をいたしましょう、とやり返したのである。

わかりやすくいえば、名代に返礼するのではなく、家康に直接会ったときに返礼すると伝えることで、近く第二戦をいたしましょうとの宣戦布告である。再度の会見で秀頼が家康のもとに出向く可能性がないとはいえないが、返礼をしない秀頼の態度をみる限り、家康が大坂城に挨拶に出向くように求めているようにみえる。仮に秀頼にそのような意図はなく、単に自筆による書札礼上の不手際や秀頼個人の配慮のなさからくる非礼であり、右のような解釈を書状一通から導き出すのは筆者の深読みだとしても、秀頼からの返礼のないことに神経を尖らせていた家康には、筆者が感じた以上に屈辱的な書状として悪意の感情を増幅《ぞうふく》させたのではないだろうか。

つまり、この書状は表向きには厚礼の披露状の形式をふんでいるが、書札礼や贈答儀礼のあり方などをふまえて読むならば、当事者間ではきわめて礼を欠いたものに映り、単に「鷹を贈られた秀頼の喜びを伝えた書状」ではなくなる。それこそ、家康の目には、秀頼からの挑戦状と映っただろう。そして、これこそが家康に豊臣家の完全滅亡を決意させた瞬間だったのではないだろうか。

会見を終えた家康は、腹心の本多正純に「秀頼は賢き人なり」と述べたという（『明良《めいりよう》洪範《こうはん》』）。右のような事情をふまえると、その言葉も真実味を帯びて聞こえてくる。が、ここで秀頼が家康に本気で詰めの勝負に挑む決意をさせてしまい、三年後の大坂冬の陣の引き金を大きく引いてしまったことは、若気の至りとはいえ、爪を隠し通せなかった秀頼の勇み足だったといえなくもない。

秀頼と家康の攻防——最終戦

追い詰められる秀頼

参内しない秀頼

慶長十六年（一六一一）の秀頼の上洛は、大坂城に移ってから実に十二年ぶりのことであった。その間、朝廷とは交流を続けていたが、今回は譲位という重要な朝廷行事が絡んでいたにもかかわらず、秀頼は参内しなかった。おそらく参内すれば家康の下に座すことになるから、これを避けたのだろう。父秀吉の場合も、天正十三年（一五八五）に正二位《しょうにい》・内大臣に叙任されてからはじめて参内した。理由は、自身より官位の高い将軍足利義昭や織田信雄がおり、参内すればその下に座すことになるから、「武家衆中最高の地位」を占めてから参内した（矢部健太郎『豊臣政権の支配秩序と朝廷』）。

他方、将軍秀忠は江戸から使者吉良義弥《きらよしみつ》を上洛させ、四月十六日に吉良は参内して禁裏に百枚、院に五十枚の銀子を進上して即位を賀した。同月二十五日になると、秀頼の使者片桐且元が参内し、禁裏に百枚、院に五十枚、女院に同三十枚、女御に同二十枚、帥《そち》に三枚、権大納言局に三枚、乳人《ちのひと》に三枚、長橋局に三枚、大弐に三枚の銀子を贈り、茶々からも禁裏・院・女院・女御までに進物が贈られた。秀頼には長橋局から奉書が出され、茶々には女院と女御より直状が出された（「光豊公記《みつとよこうき》」）。

江戸よりはるかに京都に近い大坂にいる秀頼からの使者が、秀忠の使者より後に派遣されたのは、秀忠の出方をうかがったのだろう。禁裏・院への進物は同額だが、秀頼・茶々からは朝廷の広い範囲に祝儀が贈られている。将軍秀忠の面子を潰すことをせず、しかし豊臣家がいかに朝廷を敬っているかを伝える上策である。

起請文提出と禁裏普請

慶長十六年四月十二日、紫宸殿《ししんでん》において政仁《ことひと》親王の即位の大礼が挙行された。この日付をもって、家康は西国を中心とした大名二十二名に対して三ヵ条を示し、江戸から出される法度（「公方《くぼう》の法式」）の遵守、法度・上意違反者の隠匿禁止、叛逆・殺害人の召し抱え停止を誓約させた。翌十七年には東国大名十名を誓詞に署名させ、さらに城主・領主・邑主・城主嫡子の五十名にも同様の誓詞に署名させた。

こうして家康は東西の大名・小名を配下に置くことに成功したが、この誓紙には秀頼はもちろん片桐且元・大野治長《はるなが》などの大坂衆が含まれていない。それゆえ、家康は二条城会見で一万石以上の大坂衆に駿府への隔年参勤を要求せねばならなかったのである。

会見後に家康が打った次の一手は、禁裏普請への秀頼および大坂衆の動員だった。家康付の山代宮内少輔忠久と村田権右衛門から板倉勝重・米津清勝・中井正清に宛てた六月十六日付書状の第一条には、次のようにある（読み下し文）。

一、秀頼様も御冥加《みようが》として成さるべきとの御事に候間、片桐市正《且元》方へ仰せ渡さるべく候事、

つまり、禁裏普請は冥加としてなすべきことを片桐且元方へ伝達するように命じている。他条では、十万石以上は築地、十万石未満は地形（整地）という分担を取り決め、「公家諸大夫帳《しよだいぶ》」に基づいて施行するよう伝達された。これにより、表4の十万石未満一万石以上九名、一万石未満三十五名、計四十四名の氏名と石高とが「公家諸大夫帳」に書き上げられた（松尾美恵子「慶長の禁裏普請と「家康之御代大名衆知行高辻」帳」）。その結果、家康は諸大夫以上の大坂衆の人数・氏名・石高を具体的に把握することが可能となった。

表4　大坂衆

No.	氏・官名	諱	石高	備考
1	織田民部少輔	信包	36,000	丹波柏原
2	片桐東市正	且元	30,000	大和龍田，摂津内
3	石川肥後守	康勝	15,000	信濃国内
4	速見甲斐守	守久	10,500	備中内，七手組
5	伊東丹後守	長次	10,300	備中・美濃・摂津・河内内，七手組
6	青木民部少輔	一重	10,000	摂津麻田，備中・伊予内七手組
7	大野修理亮	治長	10,000	
8	片桐主膳正	貞隆	10,000	摂津茨木
9	堀田図書助	正高	10,000	七手組，異説9,900石
10	羽柴河内守	秀秋	5,000	
11	土橋右近将監		5,000	
12	石川伊豆守	貞政	5,000	
13	野々村伊予守	吉安	3,000	七手組
14	赤座内膳正	直規	3,000	
15	薄田隼人佐	兼相	3,000	
16	湯浅右近大夫	正寿	3,000	
17	郡主馬頭	宗保	2,000	七手組
18	山中主水正		2,000	
19	中島式部少輔	氏種	2,000	七手組，異説1,900石
20	祝丹波守		1,800	
21	吉田玄蕃頭		1,000	異説1,500石
22	渡辺筑後守	勝	1,500	

23	大野主馬正	治房	1,300	
24	津川左近将監	親行	1,400	異説1,300石
25	細川讃岐守	頼範	1,200	
26	伏屋飛驒守	貞元	1,100	
27	神保出羽守	幸昌	1,050	
28	安威摂津守	守佐	1,000	
29	太田和泉守	牛一	1,000	
30	水原石見守	吉一	1,000	
31	津田監物		1,000	
32	饗庭備後守		1,000	
33	村井右近大夫		1,000	
34	生駒宮内少輔	正継	800	
35	木村長門守	重成	800	
36	関河式部少輔		700	
37	山口左馬助	弘定	700	
38	丹羽備中守	長正	600	異説580石
39	大岡雅楽助		500	異説520石
40	丹羽勘解由		500	
41	南条中務少輔	忠成	500	
42	佐々内記		500	
43	杉原掃部助		500	
44	別所蔵人	信範	420	
計			197,670	

相次ぐ豊臣大名の死

二条城会見後に秀吉恩顧の大名たちが次々とこの世を去ったことは、家康にとって追い風だった。まず、四月七日に浅野長政が紀伊和歌山に没した（享年六十五）。長政は、北政所《きたのまんどころ》浅野寧《ねい》の義兄にあたる。六月四日には、関ヶ原合戦後に高野山に配流された真田昌幸が没した（享年六十五）。六月十七日には、豊臣三中老の一人とされる堀尾吉晴が出雲松江に没した（享年六十九）。

さらに加藤清正が熊本で没した（享年五十）。二条城会見後、四月二十二日に清正は西本願寺で「御開山三百五十年忌之御能」を見物しており、この頃、深刻な病状が伝えられていた福島正則とは対照的に健常そのものであった。

しかし、肥後への帰国途中の五月二十六日の船中で発症した。京都醍醐寺では、豊臣家からの依頼で八日より病気平癒の祈禱を執行したが、その甲斐もなく六月二十四日に清正は落命した。七月三日にその死を知った義演は、「百万余石の大名也、不便《ふびん》々々」と日記に記した。この突然の死は家康による毒殺説が伝わるが、真相は闇のなかである。

初雪、のち晴

二条城会見後に和久是安《わくぜあん》（秀頼祐筆）が伊達政宗に宛てた四月二十一日付の書状には、「爰元にては片市正・同主膳正此両人万事にて御座候」とあり、片桐且元・貞隆兄弟が大坂城の万事を取り仕切っている様子を伝えている（石原重臣氏所蔵文書）。そうした重責を担いながら、且元は右のように豊臣色が薄れつつある時勢に危機意識を持っていなかった。

慶長十七年（一六一二）十一月十二日付で且元が吉川広家に送った書状では、音信として蜜柑二籠と鮎鮓二桶を贈られた礼を述べ、次のように伝えた（『吉川家文書』、意訳文）。

去秋に駿府と江戸を見舞ったところ、両御所様（家康・秀忠）から大方ならぬ懇《ねんご》ろな応対をうけたことは言葉でいい表せません。この間も、大御所様（家康）より御鷹の鶴を下されましたので、秀頼様へ御茶をさし上げたいとうかがいましたら、この七日に思いがけず御《お》成《なり》があり、ご機嫌よく終日ご遊覧なされました。私の近年の苦労も緩み、外聞を得たことはいうまでもありません。

且元は慶長十六年五月に駿府と江戸に下り、同十七年八月から九月にかけて再び駿府と江戸に下り、九月十九日に帰京していた。このように、豊臣と徳川のかけ橋となるべく、連年にわたり家康（駿府）・秀忠（江戸）に目見えを済ませた且元だったが、内心は秀頼の心中を不安に思っていたのだろう。そこで、帰坂後に、家康から贈られた最上級の進物である御鷹の鶴で秀頼の饗応を企画したところ、秀頼が快くうけてくれた。これにより、秀頼とも円満な関係にあることを確認できた且元は、積年の苦労がようやく報われたと感じたのである。且元はこの感激を京都の金地院崇伝《こんちいんすうでん》にも書状で伝えている（『国師』）。『言緒』によれば、六日の天気は「霙《みぞれ》、次に初雪」、御成当日の七日は「天晴」とある。本格的な冬の訪れを告げる初雪ながら、それが止んだあとに広がる澄みきった青空をみて、さぞ且元はすがすがしい気持ちだったことだろう。

領知宛行権のゆさぶり

二条城会見に先だつ慶長十五年三月、家康は浅野長政の次男長晟《ながあきら》に備中足守《あしもり》四万五千石を宛行《あてが》った。これは前年、木下家定（浅野寧の実兄）の没後に没収した所領を与えたものである（長晟は系図上では寧の甥）。これに連動して、浅野家では秀頼から与えられた二千石（拝領時期・領地不詳）を返上する旨を秀頼家臣の石川貞政に伝え、石川から片桐且元に相談し、浅野長政とその長男幸長《よしなが》から返上する旨の書状が到来すれば秀頼に対する手続きをとる旨の且元の「内存」を指示された。「今度御知行拝領候てだまり居候《おり》こそいかゝ」と、秀頼あるいは家康から無断で知行を拝領することに配慮したゆえのことであったが、結果として長晟と秀頼との主従関係を断ち切ることになった（三原浅野家文書）。

慶長十八年になると、秀頼は且元に一万石を加増した。しかし、且元はこれをうけずに駿府に下り、九月三日に家康に対面し、許しを得たうえで拝領する形式をふんだ（『駿府記』）。このときは江戸に下った様子は確認できず、十月二十五日に上方に戻っているが、一ヵ月半近くを駿府ですごしたことになる（『舜旧記』）。且元のこの行為の評価は難しいが、徳川と豊臣の融和策を主導していた且元が、天下人家康のもとにある知行宛行権に配慮したものだろう。ただし、且元にとっての主人はあくまでも秀頼であった。そのことは、浅野の事例と比較すれば、且元がすでに拝領していた知行地の返上を秀頼に申し出ていないところに明らかといえよう。

慶長十九年になると、今度は家康が片桐貞隆と大野治長に各五千石宛《ずつ》を加増するよう秀頼に指示した。家康は、じわじわと秀頼の知行宛行権を天下人の統制下に置きつつあった。貞隆・治長の二人は六月十三日に京都豊国社に社参したあと、駿府の家康のもとに礼のため下った。その後、家康は二人を江戸の秀忠のもとへも下らせた（『舜旧記』『駿府記』『国師』）。家康は豊臣恩顧の大名に対して礼と称して駿府に呼び寄せ、さらに江戸に赴かせることで将軍秀忠との関係をも築かせるよう画策しており、秀頼が潜在的に保有していた主従関係に対しても次々と楔を打ち込みつつあった。ここで秀頼の直臣に対しても同様の手続きをふませたことは、家康にとって大きな前進であった。

江戸に下った貞隆と治長が帰坂した時期は確定できないが、二人は七月七日頃までには江戸を出発したようである（『国師』）。その頃、秀頼と家康の間では方広寺《ほうこうじ》大仏殿供養をめぐっての新たな火だねが燻《くすぶ》り始めていた。

大坂冬の陣

方広寺大仏殿の再興

方広寺《ほうこうじ》大仏殿は文禄五年（一五九六）の大地震で倒壊し、のちに再建が進められていたが、慶長七年（一六〇二）十二月四日の火事で焼失し、再建延期となった（『義演』）。慶長十四年正月頃から再建準備が開始され、同十五年六月十二日に地鎮祭、同十七年に大仏殿が完成、同十九年四月には鋳鐘を終えた。この間、慶長十七年九月に家康は金地院崇伝《こんちいんすうでん》に大仏殿の棟札のことを尋ねて関心を示したが、同十八年八月に大仏供養の導師について意向を尋ねられた際には「秀頼次第」と返答して興味を示さなかった。慶長十九年五月、且元は駿府に下り、七日に大仏供養の件について「内存の覚書」を崇伝を通じて家康に提出し、承諾する返事を得た。且元の帰坂にあたり、家康は秀頼に巣鷹、且元には巣鷹と馬を贈った（『国師』）。

ところが、七月二十六日になると、金地院崇伝と本多正純との連名で、京都所司代板倉勝重と片桐且元に対して、大仏供養本尊開眼執行を延期するようにと伝えてきた。理由は、鐘の銘と棟札の文面に問題があるとのことだった。

急遽《きゆうきよ》、且元は文面を作成した南禅寺の清韓《せいかん》長老を伴い駿府に下向したが、家康の同意を得られなかった。且元の帰りが遅いため、茶々は大蔵卿局《おおくらきようのつぼね》・二位局・正永尼《しようえいに》を駿府に派遣したが、家康はこれを懇《ねんご》ろにもてなし、茶々と秀頼への慰問の言葉を与えて三人を帰坂させた（『慶長年録』）。続いて且元が帰坂すると、①秀頼は大坂城を出て、伊勢か大和に移る、②秀頼は諸大名と同じく駿府と江戸に参勤する、③茶々を人質として関東に出す、という三つの条件が提示された（曽根勇二『片桐且元』、福田千鶴『淀殿』）。

片桐且元の脱落

この突然の条件提示を且元の裏切りとみた大坂では、且元を切腹させようとしたが、これを察した且元が病気を理由に屋敷に立て籠った。

そこで、秀頼と茶々は自筆書状を且元に届け、大坂の仕置は且元次第と伝えたが、且元が出仕しないため、秀頼は且元に「大坂城から退去しなければ、秀頼への逆心である」と伝えたので、且元も「逆心」といわれては退くしかないとして、十月一日までに妻子・家中を連れ、弟の貞隆とともに、その領地である摂津茨木へと退いた。且元側の弁明では、「御親子様」に何度も詫び言をしたが同心してもらえず、仕方なく茨木まで退いたのであり、退去の際には金銀米銭屏風以下まで大坂城へ引き渡したので、以後は家康の命令次第に従いたい、と大工頭の中井正清を通じて訴えた（中井家文書）。且元排除を強硬に主張した大坂本丸衆の頭取は大野治長《はるなが》であり、これに津田左門頼長・渡辺権兵衛・鈴木田隼人・木村長門守重成らが加わったという（香西五郎右衛門所蔵文書）。

十月一日には早くも秀頼籠城の噂が立ち、板倉勝重は駿府へ七ヵ条を報告した（『言緒』）。しかし、すでに大坂本丸衆と且元との対立の情報は駿府に届いており、同日付で家康の出陣の内意が示され、諸将への出陣要請がなされていた（『国師』『譜牒余録《ふちようよろく》』）。十月七日付で板倉勝重は牢人や「女房老少上下」が大坂に向かうことを禁じ、とくに板倉の手形を持たない女は一切通してはならないとした（離宮八幡宮文書）。

こうした徳川方の動きに対し、秀頼は十月九日付で美濃高洲城主の徳永左馬助昌重に宛てて家康への披露状を出し、且元に不届きがあって折檻したのに、大御所（家康）が腹を立てて近日出馬するのは了解しがたく、両御所（家康・秀忠）に対し秀頼が野心など構えるはずはないと伝えたが、すでに遅かった。この披露状は十九日に美濃大垣に到着した家康に届けられ、本多正純が言上したところ、秀頼は若輩なので、織田有楽《うらく》や大野治長が種々謀略をめぐらし秀頼の意趣として送られた書状であり、偽書であると切り捨てられてしまった（『駿府記』）。

諸国牢人の結集

薩摩に在国中の島津家久は、十月十二日付で大野主馬頭《しゅめのかみ》治房に返書を出し、秀頼から援軍を要請された書状に礼を述べつつ、関ヶ原合戦では「太閤様《（豊臣秀吉）》一筋」に粉骨したが合戦に敗れ、「御所様《（徳川家康）》天下」となり、当家は窮地に立ったところ、家康は遺恨を捨てられて家久を召し出し、そのまま領地を与えられた。「太閤様御一筋の御奉公」に当家は一度尽くしており（「一篇仕」）、家康から右のように取り立てられた「御厚恩」は数年になるので、今回は加担できないと断り、贈られた正宗長銘の脇差は返上すると伝えた（『薩藩旧記』）。

十月二十二日には、小出吉英《こいでよしふさ》宛の秀頼黒印状と大野治長・津田頼長からの書状が家康のもとに届けられた（金井文書）。吉英は小出秀政の孫にあたり、秀頼とは縁戚関係にある人物である。また、鍋島勝茂宛の秀頼書状も、「謀書」として開封もせずに家康のもとに届けられた（『鍋島勝茂譜考補』）。

これら大名の動きをみる限り、秀頼は孤立しつつあったといってよいだろう。これに対し、大坂城中では織田有楽・大野治長・津田頼長が中心となり、牢人を引き入れて籠城の準備を始め、真田左衛門佐信繁(幸村)・長宗我部祐夢(盛親)・仙石宗也・明石掃部全登《あかしかもんてるずみ》・後藤又兵衛基次などが大坂に入城してきた。十月十一日には大坂の人数は三万に増えたとも伝えられた(中井家文書)。

これらの情報は、家康のもとに次々と届けられた(『国師』)。家康側近の本多正純は江戸にいる藤堂高虎に宛てて、この頃の家康の様子を次のように記した(藤堂家文書)。

大御所様(徳川家康)今度の仕合お(を)御きゝ被成、大かたもなく御わか(若)やぎ被成候間、可為御満足候、(中略)上様(家康)昨ちと御きあいあしく(悪)御座候つるが、大さか(坂)の仕合お(を)御きゝ被成てより、すき〳〵とよく御なり被成候、さて〳〵きとく(奇特)なる御事と存候、(後略)

ここには、豊臣家を潰す絶好のチャンスが到来したと若やぐ老将家康の姿があった。

福島正則の説得

家康は十月十一日に駿府を発ち、二十三日に二条城に入った。秀忠は十月二十三日に江戸を発ち、十一月五日に近江佐和山を過ぎ、十日に伏見城に入った。この頃、江戸城修築普請のため豊臣恩顧の大名は江戸に滞在していたが、秀忠への従軍を許されず、江戸に留められた者が多かった。その一人、福島正則は、十月八日付で秀頼に書状を出した。内容は、年内は余日もないが、茶々(「御袋様」)を江戸に見舞いとして下向させることが最善策である。秀頼がこれに懸念を示すのは当然だが、とりあえずのこととし、来年になれば秀頼の分別次第に駿府・江戸に軽々と見舞いにこられて、かわりに茶々が上洛するようにしてはいかが、というもので、「太閤様の御恩を一たびうけたからには、秀頼様のためにもよいようにと考えてのこと」と、豊臣家に対する思いを伝えた（大坪文書）。

しかし、秀頼のためといいながら、その後の正則の動きをみれば、実際には徳川方の意

図12　豊臣秀頼画像（東京藝術大学所蔵）
真田信繁（幸村）に与えられた掛軸であることから，大坂の陣頃の秀頼の姿とみられる．軸の右上には秀頼自筆賛があり，箱書によれば真田信繁に与えられた御影と伝わる．

向に沿って説得工作をしていた。そのうえで、正則が現実的な解決策として母を人質に出すことを最善策とする提案をしていたことは重要だろう。秀頼と茶々の絆の深さゆえに、母を人質にとることは秀頼の手足を縛ることと同義と理解されたのである。

逆にいえば、二人の関係からすれば、秀頼がこの提案を簡単にうけ入れるはずはなかった。正則はそのことも見通していた。秀頼にとっては、母を人質に出すことは大坂城を引き渡すことと同じように、絶対にうけ入れがたい提案だったといえよう。

冬の陣始まる

十月十二日に堺の代官交替を求めて大坂方の槙嶋玄番《まきしまげんば》などが堺に押し寄せ、加勢を出した且元の軍勢が尼崎で大坂方と合戦となり、且元勢が敗退した（『国師』）。こうして家康・秀忠の上洛前より小競り合いが始まり、冬の陣の戦端が開かれた。なお、大坂の両陣については、二木謙一『大坂の陣』、曽根勇二『大坂の陣と豊臣秀頼』等に詳しいので、戦陣の具体的な展開はそちらを参照されたい。

さて、堺や尼崎などの主要都市を押さえ、籠城戦に持ち込んだ大坂方であったが、次第に徳川方の包囲網は大坂城近辺を取り巻きつつあった。そこで、織田有楽と大野治長を通じて講和条件の折衝が進められ、十二月八日には、①大坂城に籠城した牢人には寛大な処置をする、②秀頼は大和国に国替えとする、という案が家康から示されたが、十五日には、

a、茶々が江戸に人質として下る、

b、大坂城の石壁を壊して堀を埋める、

の二案が示され、牢人に関しては徳川方から異議を申し立てないこととした。この段階で大坂方はa案を了承したが、牢人への宛行扶持として近国で一、二ヵ国の加増を要求したため決裂した。

二十日には和議が成立し、最終的にはb案の城割《わ》りという講和条件をうけ入れた。二十二日には家康と秀頼の間で誓詞が交わされ、二十五日に家康は二条城に戻った。こうして冬の陣はとりあえず終結する。大坂方としては、いったん和議を結び、時間を稼ぐことを考えたのだろう。

なお、陣の最中、秀頼は瓢簞《ひょうたん》の馬印を掲げて船場《せんば》町や天王寺岡山辺を見廻った。その姿は、次のように伝わる（『豊内記《ほうないき》』）。

秀頼公勢高く顔ニク〳〵シク荒テ、力ハ不通《(普)》之人ノ拾人力許《ばかり》有ケルガ、太ク逞シキ御馬ニ召レシカバ、阿晴《あっぱれ》大将ヤト見ベシ、

ここには、大坂方の総大将として陣中を鼓舞して廻る荒々しき若武者秀頼の姿があった。

大坂夏の陣

講和条件の認識差

秀頼と家康が交わした誓詞は、土佐高知の大名山内家に伝来する覚書によれば、次の各三ヵ条である（「長帳」、読み下し文）。

大坂（秀頼）より御所（家康）へ

一、両御所（家康・秀忠）に対し敵仕つるまじき事、

一、大坂惣堀うめ申すべき事、

一、今度籠り候諸牢人拘え置き申まじき事、

御所より大坂へ

一、今度大坂へ籠り候牢人、何方に居申候とも、かまい申まじき事、

一、国替・所替、たとい望にて候とも、申に及ばず、一城・太閤《（秀吉）》より遣わされ候領知の高、相違なく遣わし申すべく候事、

一、御親子之内一人、以来在江戸成され候とも、御如在に成されまじき事、

注目すべき点がいくつかある。後半の家康からの箇条では、秀頼の国替えと親子どちらかの在江戸は、うけ入れるなら悪いようにはしない、という趣旨である。秀頼側の箇条にこの内容は含まれていないので、やはり強制ではなく、しかるべき時期にうけ入れてもらえれば、という程度の要求として認めさせたということがわかる。

一方、秀頼側が講和条件としてうけ入れた第二条の城割《わ》りは、「惣堀」と表記されていた。この「惣堀」について、秀頼側は大坂城の外郭堀である「惣構え」と捉えていたが、徳川側はこれを文字通り「総堀」＝すべての堀と捉えた。

十二月二十六日付の浅野忠吉書状（『熊野那智大社文書』）では、大坂の和議が成立し、二の丸・三の丸・惣構えまでことごとく割ることになったと伝えている。十二月二十二日付の亀井政矩《かめいまさのり》の書状（石見亀井家文書）でも、二十一日より鉄砲も止まり、家康より誓詞を出し、「御袋様」（茶々）もまず年内は寒天なので江戸に下ることは無用とのことで、どちらからも人質は出しておらず、秀頼に知行はもとのまま遣わされ、大坂城は桜御門より

外を割ることになったが、大坂城は秀頼のものとする取沙汰となったと告げている。桜御門より外というのは二の丸以下のことであり、さらに茶々が将来的には江戸に下る予定であったことなどがわかる。

正月三日に家康は京都を発ち、駿府へ戻った。そのあとを追うように、十五日に秀頼の使者伊東丹後守長次と青木民部少輔一重が岡崎を訪ね、本多正純を通して秀頼の口上として、「和睦の誓詞にも「惣構の堀」を破却する由だったが、東国の者が堀を残らず埋めているので、大野治長《はるなが》をもって子細を尋ねたところ、かねてより「惣堀」を埋めると定められたので残らず破壊する由を返答された。かねて「惣堀」と有ったのは「惣構の堀」であると命じてほしい」と説明した。家康の返事には「「惣堀」の破壊は「外構堀」のことであったが、奉行等が聞き誤って「惣堀」（すべての堀）と心得たようなので、すぐに昔のように普請を命じてよい」との許可を得たので、両使は帰坂した（「坂日記」）。

しかし、正月十八日には大坂城割普請はほとんど終了し、徳川方は伏見に引き上げ、大坂城は二の丸までことごとく破壊され、本城ばかりとなっていた。正月二十八日に秀忠は京都を発ち、二月十四日に江戸に戻った。

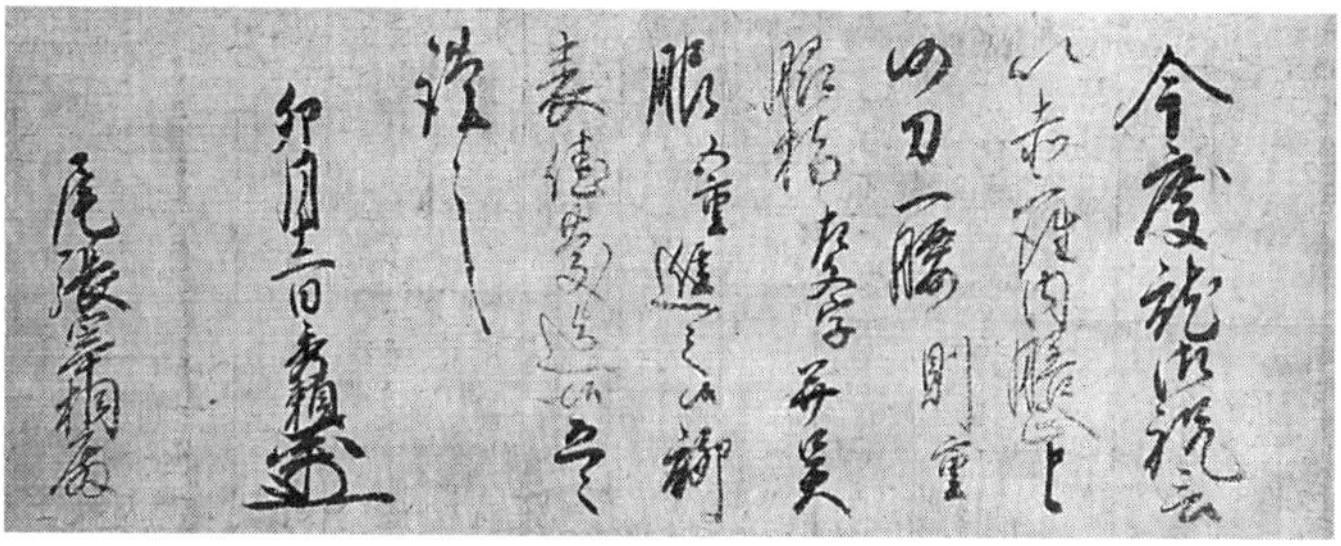

図13　豊臣秀頼書判状
（徳川美術館所蔵　Ⓒ徳川美術館イメージアーカイブ/DNPartcom）

秀頼の書判状

大坂方はすぐに堀の掘戻しを開始した。

そのようななか、織田有楽《うらく》が大坂城を退去し、秀頼の近習のみならず外様の者も武具を調えており、有楽が再三諫言しても聞き入れないことを名古屋に滞在中の家康に告げた。ここにおいて、家康は諸大名に再び出陣を命じ、夏の陣に向けて動き出した。

このとき、秀頼が尾張徳川義利（義直《よしなお》）に宛てて送った書状一通が、徳川美術館に伝来している。井上安代氏が「秀頼の絶筆」と呼ぶ、死の約一ヵ月前に書かれたものである。

今度就御祝言
以赤座内膳正申候
仍刀一腰則重
脇差左文字幷呉
服五重進之候、聊

表佳慶迄候恐々
謹言
卯月十二日秀頼（書判）
尾張宰相殿

尾張名古屋では、徳川義利と浅野幸長《よしなが》の娘との婚儀の最中であり、家康もそのために名古屋に滞在中だった。その祝儀として、秀頼は赤座内膳正直規《あかざないぜんのかみなおのり》を使者に送った。秀頼が大名に対して黒印状という薄礼の書札礼《しょさつれい》を用いたことをすでに述べたが、ここで秀頼は書判状という厚礼の書札礼を用いている。これはほかに例をみない。つまり、夏の陣直前に秀頼は徳川家に対して厚礼の書札礼を用いて臨んだのだが、豊臣家の完全なる滅亡を決意していた家康に対しては、まさに焼け石に水だった。

夏の陣始まる

四月十八日に家康は京都に着き、二条城に入った。秀忠は二十一日に京都に着き、伏見城に入った。翌日は再び二条城に至り、家康と密談した。二十四日に家康は大坂方から交渉役として派遣されていた常高院（浅井初《あざいはつ》）・二位局・青木一重のうち、女性二人に三ヵ条の書付を持たせて大坂城に戻らせ、青木はそのまま京都に拘束した。

二十六日には大野治房らの兵が大和郡山城を攻落し、翌日には竜田・法隆寺などの村々を焼き、大坂に退却した。二十八日からは和泉岸和田城を攻め、堺市街を焼き払うなどの狼藉を開始するが、徳川方との戦端が開かれるのは二十九日の樫井《かしのい》合戦である。浅野長《なが》晟《あきら》の軍勢と戦うが、大坂勢の敗戦となり、塙団《ばんだん》右衛門《えもん》直之《なおゆき》・蘆田《あしだ》作内《さくない》・米田《よねだ》興季《おきすえ》・横井治右衛門・山内権三郎などをはじめ、合計十二騎の物頭と雑兵《ぞうひょう》が討死した（『駿府記』）。

五月五日に家康・秀忠が出陣し、家康は河内星田（現大阪府交野《かたの》市）に、秀忠は砂（現大阪府四条畷《しじょうなわて》市）に陣取った。両所とも、大坂城から十キロほど離れた地点である。六日には道明寺（現大阪府藤井寺市）および八尾・若江方面（現大阪府八尾市）での激戦があり、大坂勢では後藤基次、薄田兼相といった名高い武将が討死した。

木村重成の遺言

木村重成《しげなり》は、五月六日の八尾・若江の戦いで討死した。その当日に重成が記したと推定される書状写しが伝わる（『萩藩閥閲録《ばつえつろく》遺漏』）。姉婿の猪飼野左馬之介に宛てたもので、日付は四月六日とあるが、内容からみておそらく五月六日の誤写だろう。重成の母は秀頼の乳母宮内卿局《くないきょうのつぼね》であり、茶々とともに自害したとも、常高院への使者として城外に出ていたとも伝えられ、陣後の安否は不明である。重成は秀頼とは乳兄弟という親しい関係にあったが、その覚悟は次のようなものであった。

（意訳文）

一書を啓《もう》します。まずもって、疵の痛みはどれくらい和らいだでしょうか。朝夕心元なく存じています。お聞き及びでしょうが、まったく隙がなく心外の至りで、城中の有りさまははかばかしくありません。とかく天下は家康にあると存じております。昨夕も石川肥後守（康勝）という私の「同腹中」と城中の詮議について話し合い、「御母公（茶々）」の下知（命令）による手分・手配は承引しないことが尤もだと決めました。私は昨朝七つ（午前四時頃）に下知を承知せず、摂津鴫野《しぎの》へ出陣し、分相応の働きをして諸人が驚目いたしました。とかく一日も早く討死をする覚悟です。

貴所は昨今の籠城、そのうえ数ヵ所の深手を負われたので、油断なく早々在所（所領）へ引き籠もることが尤もと考えます。誰も嘲ったりしないでしょう。

私は家康と懇志の筋目があるので、板倉伊賀（勝重）（京都所司代）より度々内意を伝えてきましたが、当君（秀頼）に対し二心あっては士の本意ではありません。いささかも面白く考えているわけではありませんが、人並に月日を送るのは是非もないことです。

そこで、この香炉を姉君にお届けください。また、この太刀は家康より私が十三の元服の祝いとしてもらったものです。使者は本多平八郎（忠政ヵ）であり、口上では家康の秘蔵の大業物《おおわざもの》にて来国俊《らい》の由でした。私は数度の戦いにこの太刀で一度も不覚をとったことはありません。ですから、大波と名づけ、今日まで所持してきましたが、貴所へ形見に贈ります。随分秘蔵してください。

一城内にありながら、一時《いっとき》も心閑かに御意を得ることもなく、他人同前のようであったのは残念千万の至りです。さぞ姉お照殿はお恨みになるでしょう。この段は、私ならざる旨であることを宜しく弁明をしてください。是非もないことです。恐惶謹言。

まず、重成には照という名の姉がおり、その夫猪飼野左馬之介も大坂城に籠城し、負傷していた。重成は左馬之介に大坂城脱出を促し、それを嘲笑する人はいないというので、ほかにも同様の脱出者が続出していたのだろう。姉夫婦の行方は不詳だが、この書状が伝来したことからすれば、左馬之介は大坂城を脱出して生き延びたのだろう。

重成の活躍

重成が家康といかなる経緯で「懇志の筋目」になったのかは不明だが、重成が十三で元服したときに本多平八郎を使者として太刀が贈られたという。重成は、二条城会見の行列では秀頼の替《かえ》の脇差持の役を勤め、禁裏普請では八百石の知行高であった。「昨朝」に摂津鳴野で諸人を驚目させたという重成の活躍は伝わらないが、冬の陣における鳴野・今福の戦いでの重成の活躍は有名である。冬の陣の籠城戦では一手の将となり、和睦に際しては秀頼の使者として徳川の陣所に赴き、将軍秀忠の誓詞をうけ取って戻った。こうした秀頼方の要である重成を徳川方は大坂城から脱落させようとしたが、重成の覚悟は二君に仕えずとするものであり、最後まで秀頼への忠節を貫いた。そして、天下が家康の手にあるとみなした重成は、一日も早く討死をする覚悟で戦陣に臨んだのである。

大坂城の分裂

その際に、「御母公」の下知には従わずに戦陣を立てることを重成と「同腹中」の石川康勝と取り決めたという。康勝は、豊臣秀吉に仕えて信濃松本城八万石を領した石川数正の次男である。兄康長が慶長十八年（一六一三）十月に大久保長安の不正に連座して所領没収になると、兄から一万五千石を分知されていた康勝も所領没収となった。康長は毛利高政に預けられたが、康勝は程なくして大坂城に入って秀頼に仕え、夏の陣で討死した。兄弟の母は不詳だが、石川数正の妻は内藤右京進某の娘とされる。「同腹中」というのは同母の兄弟という意味もあるが、ここでは同じ志を持った者ということだろう。その二人が、

「御母公（茶々）の命令には従わない――」

と決意した。これは、大坂城の分裂を直截《ちょくせつ》簡明に表している。冬の陣で茶々が甲冑を着

て番所を改めたとか（『当代記』）、すべてのことに茶々が出しゃばるので、軍勢が興ざめしたと伝わる（『駿府記』）。徳川方の記録なので割引いてみる必要があるとしても、夏の陣でも、いまだ茶々が大坂城の意思決定を左右し、陣立にまで意見を述べていた様子がわかる。ただし、もはやその命令に唯々諾々と従う状況にはなかった。

重成の首をとったのは、井伊直孝隊の安藤長三郎である。家康のもとに届けられた重成の首からは、麗しい薫りが漂っていた。家康は若輩ながら重成の行跡を褒め、「稀代の勇士なり、不便《ふびん》の次第なり」と述べたという。

これに対して、重成の討死は覚悟のうえでのことではない、その証拠に月代を剃っていないではないか、という者がいた。家康はそれを聞き「冑の緒をみてみよ」といって改めさせると、結んだ緒の端が切られていた。二度と冑をつけることはない、とする重成の見事な覚悟が示されていたという（『難波戦記』）。

なお、この日、秀頼は大坂小人町近辺まで出陣し、先手は「伊藤丹後・青木民部」であったと細川忠興《ほそかわただおき》は伝える（五月十一日付書状）。青木は京都に拘留中だから部隊のみだったので、「民部組中」だったと正しい情報を伝えている。実は、この地は徳川方の小笠原秀政・忠脩《ただなり》父子が討死し、弟の忠政（のちの忠真）も瀕死の深手を負った激戦区である。物事を辛口に評することで知られる忠興が、激戦区への秀頼の出陣を疑わなかった点は、秀頼が大坂城本丸の奥に隠れて何もしなかった軟弱者であるかのようなイメージを否定する傍証の一つになるだろう。

総大将秀頼への期待

五月七日は、豊臣・徳川両軍の決戦日である。寄せ手の徳川勢は、家康が指揮する天王寺口と秀忠が指揮する岡山口の二方面から日の出とともに進軍を開始した。これを迎え撃つ大坂勢は、真田信繁が最前線の茶臼山に陣取り、総大将秀頼の出陣を待った。

残念ながら出陣の様子を記す一次史料はなく、いずれも二次的な記録からうかがうしかないが、いずれにも共通するのは、秀頼は桜御門まで出て出陣のときを待ったが、時機を逸して本丸に戻り、出陣しなかったということである。

『大坂御陣覚書』によれば、秀頼は梨子地緋威《なしじひどおし》の甲冑を着し、天王寺表へ出張するため桜御門へ出て、父秀吉から相伝した金の切割《きつさき》（縁を切り裂いた幟）二十本、茜の吹貫《ふきぬき》（吹き流し）十本、玳瑁《たいまい》（鼈甲亀）の千本槍を押し立て、太平楽と名づけた七寸（約二百十二チセン）の黒馬に梨子地の蔵を置き、引き立てていた。玄関から桜御門の先の門外堀端までは、甲冑の武者が居並んだ。その様子をみた秀吉以来の譜代の者たちは、昔を思い出して落涙したという。

茶臼山の真田信繁が子の大助幸昌を城内に遣わし、家康の到着前に合戦を開始するよう言上したが、大野治長が信繁と相談して出馬の時期を知らせると告げ、わずか十騎ばかりで茶臼山に出かけた。秀頼は床几《しょうぎ》に腰かけて連絡を待ったが、合戦が始まってしまい、治長は信繁との相談後に城内に戻ったが、これをみた味方の軍勢は治長が城へ逃げ帰ったと勘違いして動揺した。治長は桜御門に行き、真田の所存として「明石全登《あかしてるずみ》を西の岸陰より住吉へ廻し横合に懸らせ候べし、御出馬急がるべし」と言上したので、明石にも使者を出したが、真田幸昌が再び城内に入り「御出馬急がるべし」と告げたため、これをみた味方は真田が負けて子の幸昌を城内に逃がしたと色めきだって足並みが崩れた。

そうこうしているうちに総崩れとなり、秀頼は「もはや乗り出し討死せん」と覚悟を決めたが、古参の速水守久がきて、「先手が総崩れとなっては、もはや御出馬されても意味はない。本丸を固め、ときに至れば御自害するのが尤も」と言上したので、桜御門から千畳敷、さらに御座間と移り、天守へ上って自害しようとしたところ、「味方が盛り返したので自害はまだ早い」と速見がいうので、天守を下り、月見櫓の下から蘆田曲輪の第三矢倉に入ったが、もはやこれまでとして自害したという。

出陣の遅れ

『慶長見聞書』によれば、天王寺に先陣を敷いた真田信繁は、秀頼が七日未明に先手《さきて》に出陣して下知をすれば軍勢の勇みとなり、たとえ敗軍しても秀頼が天王寺を墓所とする覚悟を究《きわ》めていれば、いかなる弱兵といえども秀頼を見捨てて逃げたりしないので、比類なき前代未聞の一戦を遂げるべきと主張した。しかし、秀頼の出陣が遅々としているうちにときが移り、大野治長が「先手の様子を見て早々出馬すべき」と提案し、真田丸に出向いて頭衆と相談し、戻っている間に戦端が開かれ、秀頼は出遅れて出陣できなかったという。

『難波戦記』によれば、岡山表に配置された津川左近親行が秀頼より預かった茜の吹貫五十本と金の切裁を下げた金瓢簞の馬印を立てていたので、徳川勢は秀頼が出馬していると思っていた。秀頼は天王寺表へ出馬する予定で、軍勢も「大将軍秀頼の御前」で晴の討死をしようと勇んでいた。大坂勢がひるむ様子のないことを察した家康は、秀頼側に和睦の使者を派遣し、「秀頼は縁者なので捨て置きがたく、和睦すれば大和国に領知を遣わそう」と提案した。昨日の敗戦で弱気になった近臣たちは、和睦をうけ入れ、秀頼の出馬を中止する評定をしていたところ、速水が進み出て、「このような成り行きで和睦できるはずはない。すでに天王寺表の寄手は合戦をしかけており、よくよく思案を」と言上したため、評議が決せず、秀頼は出馬できないでいた。一方、相談のため城外に出張していた大野治長や速水が城内に戻ったことで、味方は士気を失い、総崩れとなった。

『北川遺書記』にも、七日は大坂の惣人数が天王寺表へ出立し、秀頼も「今日の御一戦」と覚悟していたところ、関東よりの「御武略」により本丸に籠ることになったとある。

徳川方の謀略

深溝《ふこうず》松平家に伝来した寛文十二年（一六七二）三月の書写奥付を持つ「大坂日記」は、家康の腹心井伊直政《（ママ）》の「秘本」を書写したものという。それによれば、大野弥十郎という大野治長の弟（壱岐守治純《はるずみ》カ）が家康に仕えており、家康はこれに書状を書かせて兄のもとに届けさせた。内容は、「七組の頭《かしら》が全員心変わりをして家康に内通しており、七日の決戦では秀頼が城中より外出したところ討ち取るとの旨を知らせてきたので、本丸を出てはならない」というものだった。七組とは七手《なな て》組ともいい、秀吉が創出した馬廻組のことで、大坂の陣の際の頭は速水守久・青木一重・伊東長次（長実）・堀田正高（盛重・勝嘉）・中島氏種・真野頼包《よりかね》・野々村幸成の七人とされ、親衛隊として秀頼の護衛にあたるべき部隊であった。

七日の朝、秀頼が桜御門まで出て、諸軍勢も総大将の出陣を今か今かと待っていたところに、治長が右の書状を秀頼にみせたので、秀頼は早々に本丸に入った。それゆえ、諸軍勢はあきれて力を落としたが、真田はこのことを知らず、秀頼の出馬を待ちかねて使者を派遣し、さらに子の幸昌を遣わして、「何ゆえに御出馬が延引しているのか、今日は先勝の日である、早々御出なさるべし」と言上したので、治長は「真田と相談して来る」といって、黄地に緋の丸を付けた丸居を一本持たせて出て行き、真田と対面して子細を告げた。真田は、「それならば治長の人数ばかり後詰に遣わされれば合戦を始める」というので、治長は城中へ帰ったとある。

細かい点で違いがあるが、「大坂日記」の記述は、徳川方が大坂方の勢いを挫くため、総大将秀頼を出陣させないように謀略を仕組んだことを認めている点で興味深い。

とはいえ、秀頼敗北の最大の原因は、大坂城内の意思決定が分裂していたことにあるのは間違いないだろう。そのなかで、どちらかといえば大野治長は事態を混乱させただけであり、実は速水守久が秀頼の意に沿った適格な判断を下していたらしい。

秀頼の最期──エピローグ

焼け落ちた土蔵

『豊内記《ほうないき》』（別名『秀頼事紀』）によれば、負けを覚悟した秀頼が奥の御座所に入ると、母の茶々は事の成り行きが理解できず、あきれて立っていた。そこで、大野治長《はるなが》が徳川方との交渉を進めていた常高院（浅井初《あざいはつ》、茶々の妹）の意向を尋ねると、秀頼の命は助けると確約したとのことなので、治長は両御所の意見を聞いてから切腹すべきとして使者を走らせた。その間、天守に焼草を籠めさせ、自害の準備が調うと、秀頼は母にむかって「一所に天守へ上り給へ」と告げて立ち上がった。母はその袖にすがり、「今少し心を静めて聞き給へ」と源頼朝が朽木のなかに隠れて命を永らえ本意を遂げた例を引き、「何ぞ慌ただしう腹をめさんと急がせ給うぞや」と引き留めたが、

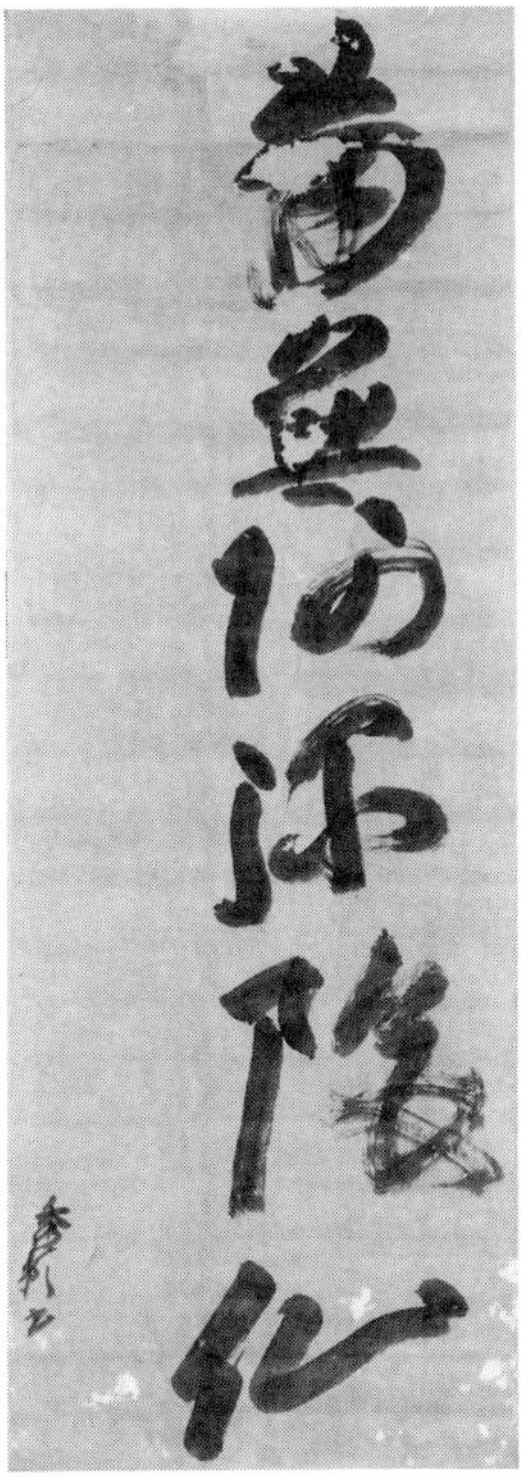

図14　豊臣秀頼自筆六字名号「南無阿弥陀仏」
(柴原家所蔵・大阪城天守閣提供)
大坂落城後，本多忠刻と再婚した千が，慶光院周清上人に依頼して作らせた聖観音坐像のなかに，御神体として納められていた.

秀頼は「運命早究《きわま》りたり。ながらへて我世の衰へをみ給はんより、同じ道に急ぎ、後世を楽しみ給ふべし、百年の栄華も一睡の夢と成果る習なり」といって、心強く袂を引き放って天守に上った。

その後、速水がきて、「味方の様子から今しばらく待つように」と伝えたので、天守を降り、東の櫓に入って情勢をうかがうことになった。これに従う者は二十八人。

秀頼は、「我、太閤の子と生まれ、天下を知べき身なれども、天運究り、今朝まで十万の大将たりしが、今残るところ二十八人也」と述べて、一人一人に言葉をかけ、「母公と一度に心清く自害して死骸を深く隠すべし。汝(速水)は母公の介錯せよ、氏家(行広)は我《わが》介錯、毛利豊前守(吉政)は幼き子どもを殺すべし、そのほかの人々は櫓の外の番をせよ、我《われ》は少しまどろみて、その後切腹すべし」といって、小姓の膝を枕にして大鼾《いびき》をかいて寝た。その後、目覚めた秀頼は、まず豊国大明神の方へ向いて臥拝み、次に母の前に膝を立てて後世のことを語り、速水に目配せをして介錯させた。秀頼は左の脇より右の肋《あばら》にかけて腹を切ったので、氏家が首を落とした。供の者も思い思いに自害した。誰ともなく火がかけられ、猛火が立ち上り、程なく土蔵は焼け落ちた。

この土蔵は、大坂城天守下にある山里郭のなかの第三矢倉の糒蔵とも、また東下ノ段帯曲輪の東上矢倉ともいう。

錯綜する情報

さて、ここからは同時代の史料から落城の様子をうかがっていこう。細《ほそ》川忠興《かわただおき》によれば、天守に火がかかったのは、申下刻（午後五時頃）である（細川家文書）。島津家久によれば、秀頼は天守に火をかけ一人も残らず焼死する覚悟であったのに対し、大野治長は秀頼の妻千《せん》を城外へ脱出させて母子の助命をさせようとした。しかし、これは秀忠の納得が得られず、結局全員が切腹することになり、治長は外聞を失ったという（『薩藩旧記』）。

毛利秀元が得た情報では、秀頼と茶々は焼け残りの所に隠れていたが、八日朝に片桐且元がみつけて家康に報告した。治長が母子の助命を嘆願し、家康は「将軍《（秀忠）》次第」と答えたが、秀忠は「はや一度ならぬ事、早々腹を切らせ候へ」と命じたので、八日昼過ぎに切腹したと伝える（『萩藩閥閲録《ばつえつろく》遺漏』）。伊達政宗も、「八日迄天守の下の丸の蔵に生き残られ候」「八日の朝まで秀頼、又御袋も焼け残りの土蔵に入り御座候、御腹をきらせ御申」と八日自害説を伝える（伊達家文書）。

しかし、毛利輝元の五月十五日付の書状では「大坂御城七日之晩秀頼御腹被召」とある（『萩藩閥閲録』）。鍋島直茂の五月十七日付の書状でも、「七日之夜天守ニ火をかけ、秀頼様御事御腹をきらせられ」とあり、八日の自害とはしていない（武雄後藤文書）。

このように秀頼が自害した日時は定まらず、八日説が多いが、七日説もある。七日夕刻に天守に火をかけてなお悠長に翌日昼まですごしたのは助命のためと解釈されるが、焼け残りの土蔵に隠れる秀頼に直接面会した徳川方の者はいないので、生きているようにみせて秀頼の首を隠す時間を稼いでいたと解釈できないこともない。秀頼の覚悟、および八日朝に土蔵はすでに焼け残りの状態であったことからすれば、八日未明に仮眠から目覚めた秀頼が自害したあと土蔵が焼かれ、八日朝に焼け残りの土蔵を守衛する秀頼遺臣たちを片桐且元が発見し、家康に秀頼生存の誤報を伝達したのではないかと思われるが、確かな記録からはその真相を知る術を持たない。

この天下統一過程の最終局面における秀頼の死は、豊臣公儀——秀頼補佐体制——における補佐すべき統合点を失わせ、武家領主階級は徳川公儀の名のもとに総力を結集することになり、幕藩制国家として二百五十年間の国内的安定を保つことになった。

花のよふなる秀頼様

陣後、秀頼は死んでいないという噂が広まった。イギリス商館長として来日していたリチャード・コックスが平戸で聞いた噂では、大坂の陣の犠牲者は敵味方合わせて十万人を数えたが、秀頼側の重要人物には誰一人として首（head）が付いておらず、皆切り落とされていたこと、さらに別の噂によれば、「秀頼様の死体」（the body of Fidaia Samme）も発見されないため、多くの人々は彼が密かに逃亡したと考えているという。コックス自身はこれをまったく信じておらず、「老公よりは若君に同情するため、彼等がそうあって欲しいと望むがままを語っているに過ぎない」と冷静に分析したが、巷間の噂をよく伝えるものだろう。その後も、茶々の死は確認されたが（mother was fownd dead）、秀頼の死体は発見されず（the body of Fidaia could not be fownd）、そのため櫓が焼かれた際に焼けて灰になったものと思われる（it is thought he was burned to ashes）という情報を聞きつけている（『イギリス商館長日記』）。

そのうちに、次のような里謡が流行し始めた。

花のよふなる秀頼様を
鬼のよふなる真田が連れて
退《の》きも退いたよ加護嶋へ

関ヶ原合戦では宇喜多秀家《うきたひでいえ》が薩摩まで逃げ落ち、島津家に身を寄せた例が実際にあるから、秀頼の薩摩落ちは単なる噂の域を出て、かなりの信憑性を持つ話として人々の間で語られていた（北川央「秀頼時代の豊臣家」）。しかも、秀頼が鹿児島で生きているという噂は、後々まで絶えることがなかった。

秀頼の悲劇

寛永六年（一六二九）四月。江戸の島津家屋敷に忍び入る者がおり、搦め捕らえて幕府年寄土井利勝に引き渡された。その者が申分として書いた書付には、「秀頼様は薩摩国にいる、また真田は命を永らえて紀伊国に召し置かれている」とあった。これを国元の鹿児島で伝えられた島津家中の伊勢貞昌は、次のように返事をした（『薩藩旧記』）。

何れも無首尾候、秀頼御事も御果候儀、御死骸まて江戸の歴々被御覧候、又真田頸も為出［申由候］処、皆々無首尾之申事にて候、誠之狂者にて候歟、

秀頼の死骸を江戸の歴々が確認しており、真田の首も出させたのに、すべて首尾なきこ

とをいい出すのは本当の狂者だろう、とある。この事件の顚末はともかく、ここで問題にしたいのは、秀頼と真田信繁の亡骸《なきがら》について微妙に表現が異なることである。江戸の歴々というのは、家康や秀忠以下、徳川家の重臣たちをいうのだろうが、彼らが実検したのは、真田は首であったが、秀頼は死骸であった。いい換えれば、秀頼の首実検はなされず、首なしの死骸しか確認できなかったのである。ただし、秀頼の体軀は六尺五寸（約百九十七センチ）の「大兵《だいひょう》」（体が大きいこと）だったというので（『明良《めいりょう》洪範《こうはん》』）、死骸が本物なら胴体だけでも十分に秀頼のものだと認定できたと思われるが、首はついぞ発見されなかった。そして、そのことは島津家中ですら知り得たことだったとがわかる。

図15　秀頼公首塚（京都嵯峨清涼寺）
大阪城三の丸の発掘調査で発見された頭蓋骨が埋葬されている．

とすれば、

「首のない死骸は偽物《にせもの》で、秀頼様は死んでいない……」

おそらく、そのように噂されていただろうことは容易に想像がつく。

秀頼が生きていれば、秀頼の物語は悲劇ではなくなる。徳川としては、秀頼が生きていても困るが、秀頼が悲劇の主人公になるのも困る。秀頼の物語は、哀感に満ちた悲劇であってはならなかった。そのような複雑な思いが絡み合いながら、秀頼の悲劇は今日まで四百年間も語り継がれてきたといえようか。

あとがき

浅井三姉妹に関して話を求められる機会が増え、その折りによく質問されるのが、秀頼は本当に大坂城で自害したのか、というものである。筆者は、

「秀頼の自尊心からして、生き恥をさらすことはまったく考えなかったのではないか」

と答えることにしている。命が本当に惜しければ、夏の陣は引き起こされなかっただろう。見事な討死をしたとされる木村重成や真田信繁（幸村）をはじめ、大坂城に集った牢人たちと同じように、秀頼は死を覚悟して夏の陣に臨んだのだと思う。

しかし、鹿児島のみならず、日本各地に秀頼生存説があり、お墓まであるとの話である。そのような伝承が作り出される意味をもっと多角的に考え、歴史的な意味づけをせねばならないし、それも一つの歴史的事実だとは思うのだが、島津に関しては、

「冬の陣の開戦前、私たちがお頼みするとの書状を出しても、家康の御恩云々といっ

て秀頼を見捨てたことをお忘れか。自己の不忠を拭わんがための、これみよがしの作り話であろう！」

と茶々の声が聞こえてきそうである。

秀頼母子への裏切りに対して、それは「裏切り」ではなかったのだと正当化するため、あるいは母子に対する懺悔の観念が、秀頼生存説を生み出したのではなかろうか。

加えて、秀頼の首が落城当時に発見できなかったことも、秀頼生存説をたくましくした原因の一つなのだろう。

昭和五十五年（一九八〇）に大阪城三の丸跡の発掘調査で、一体の頭蓋骨と老若二体の遺骨、および一頭の馬の頭骨が発見された。一《メートル》四方の穴の底には貝が敷き詰められており、その上に南東の天守閣に向けて頭蓋骨が納められていたという。これは二十歳男性のもので、顎には介錯のときについたとみられる傷があり、左耳には障害があった可能性があるが、年齢や骨から類推して秀頼の頭蓋骨ではないかと推測された。

現在、その頭蓋骨はギヤマンのガラスケースに入れられて、京都の清凉寺（嵯峨釈迦堂）に埋葬されている。今なお残る秀吉の遺骨とこの頭蓋骨のＤＮＡ鑑定をすれば、秀頼出生の疑惑や秀頼生存説の真偽が科学的に解明されるはずだと思わなくもないが、そのような無粋なことをせずとも、秀頼の生涯をこうして見届け終えれば、おのずと真理はみえてくるだろう。

さて、論じ残した問題も数多くあるが、秀頼の四百回忌にあたり一つの区切りをつけることができたことを心より喜びたい。また、筆者の楽しみに最後までおつきあいいただいた方々にも、深く感謝を申し上げる。なお、本研究はJSPS科研費25370813の助成をうけたものである。

最後に、嵩《すう》陽寺殿秀山大居士（豊臣秀頼）、大虞院殿大禅定尼（浅井茶々）、そして大坂の両陣で散った多くの御魂が西方浄土に導かれんことを心静かに祈り、本書の終わりとしたい。

南無阿弥陀佛　　合掌

二〇一四年二月

福田千鶴

豊臣秀頼系図

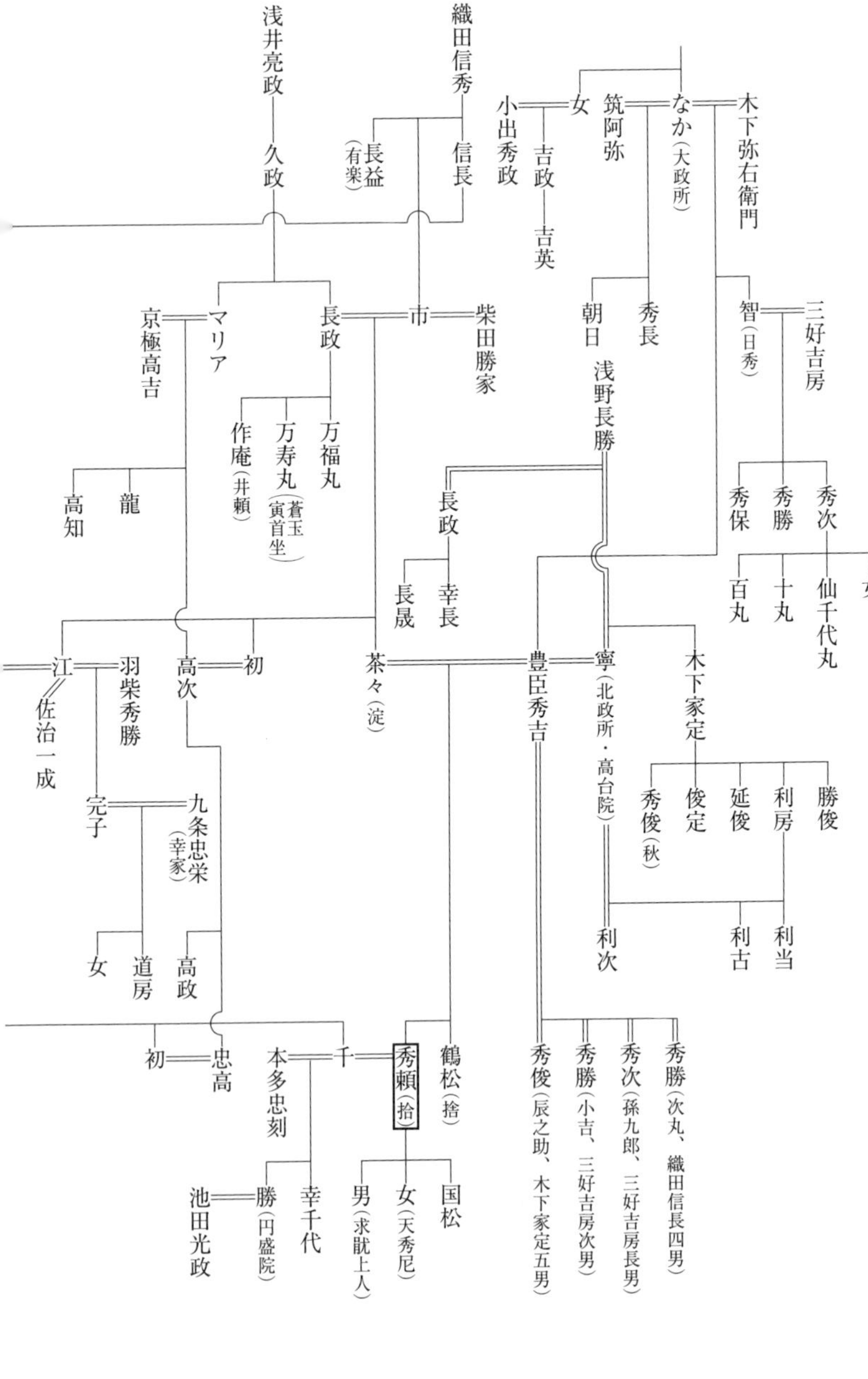

木下弥右衛門
なか（大政所）
筑阿弥
女
小出秀政
吉政
吉英
智（日秀）
三好吉房
秀長
朝日
秀次
秀勝
秀保
女
仙千代丸
十丸
百丸
浅野長勝
長政
幸長
長晟
木下家定
勝俊
利房
延俊
俊定
秀俊（秋）
利当
利古
利次
寧（北政所・高台院）
豊臣秀吉
秀勝（次丸、織田信長四男）
秀次（孫九郎、三好吉房長男）
秀勝（小吉、三好吉房次男）
秀俊（辰之助、木下家定五男）
織田信秀
信長
長益（有楽）
柴田勝家
市
茶々（淀）
鶴松（捨）
秀頼（拾）
国松
女（天秀尼）
男（求肬上人）
浅井亮政
久政
長政
万福丸
万寿丸（蒼玉寅首坐）
作庵（井頼）
マリア
京極高吉
龍
高知
初
高次
忠高
初
江
羽柴秀勝
佐治一成
完子
九条忠栄（幸家）
女
道房
高政
千
本多忠刻
幸千代
勝（円盛院）
池田光政

築山
朝日
徳川家康
西郷愛
伊達政宗
信康
亀
織田信雄
北条氏直
督
池田輝政
秀康（義丸）
振（蒲生秀行・浅野長晟妻）
忠輝
五郎八
義直（義利、尾張）
頼宣（頼将、紀伊）
頼房（水戸）
秀忠
忠吉
小姫
信良
忠長（国松・国千代）
昌（光松院）
子々
前田利常
勝
忠直
長丸
家光（竹千代）
鷹司孝子
和（東福門院）
後水尾
保科正之
亀鶴
小姫
利次
夏
光高
満
富
光長
亀
鶴
明正

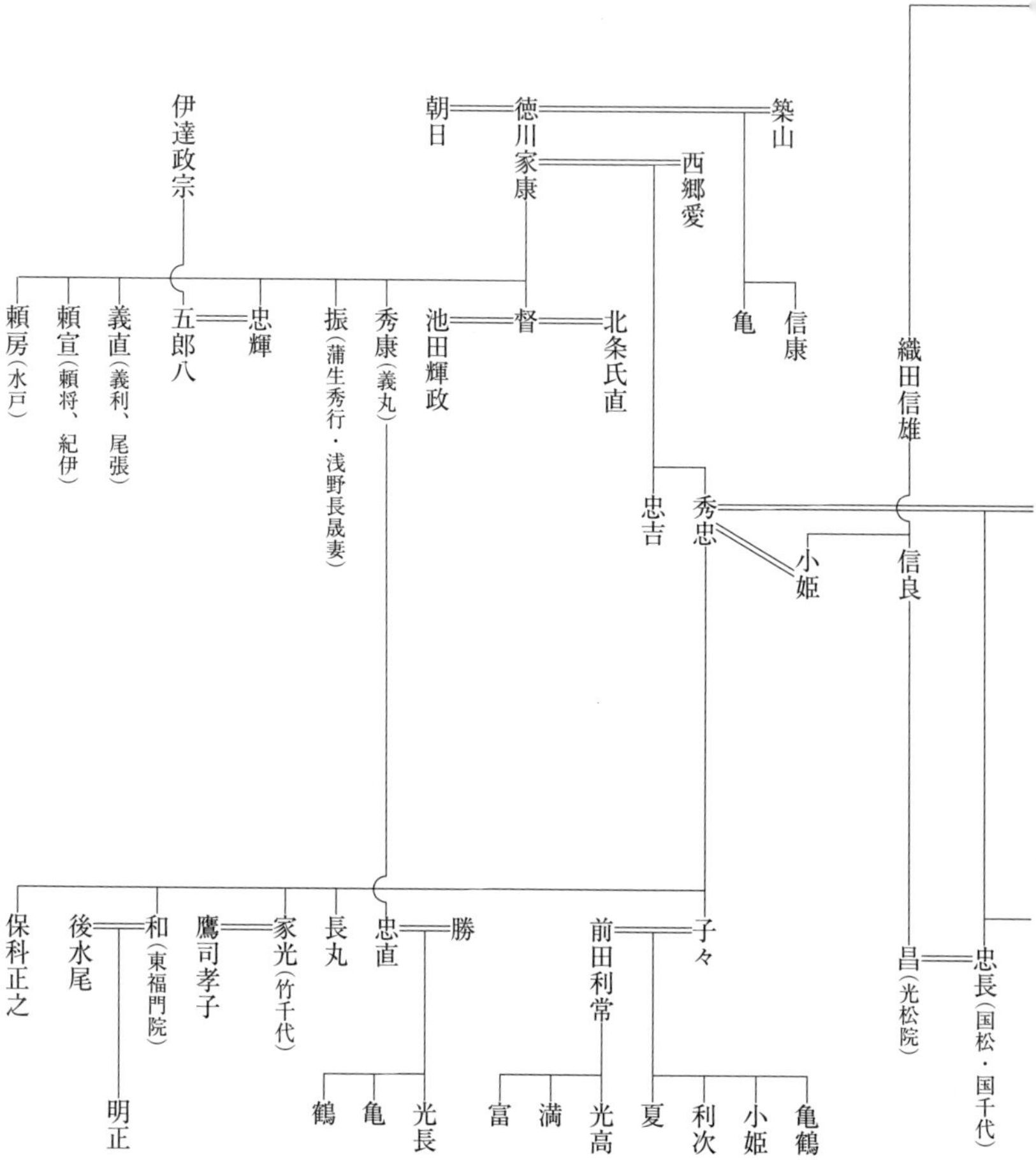

参考文献

個別文献

相田文三「豊臣–徳川移行期の政治構造についての研究–京都・大坂・伏見の政治的機能と「武家」に対する諸礼の推移–」二〇〇四年度修士学位論文（東京都立大学）
朝尾直弘『将軍権力の創出』岩波書店、一九九四年
朝日美砂子「帝鑑図の成立と展開」『王と王妃の物語　帝鑑図大集合』名古屋城特別展開催委員会、二〇一一年
跡部　信「高台院と豊臣家」『大阪城天守閣紀要』三四、二〇〇六年
跡部　信「秀吉独裁制の権力構造」『大阪城天守閣紀要』三七、二〇〇九年
井上安代『豊臣秀頼』自家版、一九九二年
入口敦志「権力と出版–『帝鑑図説』から見えてくること–」『国文研ニューズ』三〇、二〇一三年
大阪城天守閣編『生誕四〇〇年記念特別展　豊臣秀頼展』一九九三年
大阪城天守閣編『特別展　秀吉家臣団』二〇〇〇年
大野瑞男『江戸幕府財政史論』吉川弘文館、一九九六年
小和田哲男『北政所と淀殿–豊臣家を守ろうとした妻たち–』吉川弘文館、二〇〇九年
笠谷和比古『関ヶ原合戦と近世の国制』思文閣出版、二〇〇〇年

木崎国嘉『秀頼の首』共同出版社、一九八二年
北川　央「秀頼時代の豊臣家」『国立文楽劇場誌』二〇〇七年七・八月
北島正元『江戸幕府の権力構造』岩波書店、一九六四年
木村展子「豊臣秀頼の寺社造営について」『日本建築学会計画系論文集』四九九、一九九七年
木村展子「慶長十年再建の相国寺法堂について」『日本建築学会計画系論文集』五六八、二〇〇三年
久留島浩『岡山県史』近世編Ⅰ第一章第四節、岡山県、一九八四年
黒田基樹「慶長期大名の氏姓と官位」『日本史研究』四一四、一九九七年
下川修平「豊臣期から徳川期への政治権力の変遷について」二〇一二年度修士学位論文（九州産業大学）
下村信博「家康開戦への布石」『歴史読本　豊臣家崩壊』新人物往来社、一九九六年
白峰　旬「慶長十一年の江戸城普請について」『豊臣の城・徳川の城―戦争・政治と城郭』校倉書房、二〇〇三年
鈴木敏夫『江戸の本屋』㊤、中公新書、中央公論社、一九八〇年
曽根勇二『片桐且元』人物叢書、吉川弘文館、二〇〇一年
曽根勇二『大坂の陣と豊臣秀頼』敗者の日本史13、吉川弘文館、二〇一三年
谷　徹也「秀吉死後の豊臣政権」『日本史研究』六一七、二〇一四年
寺沢光世「秀吉の側近六人衆と石川光重」『日本歴史』五八六、一九九七年
中野　等「文禄の役期における寺沢正成の居所と動向」『朝鮮出兵期における諸大名の動向およびその

領国に関する基礎的研究』文科省科学研究成果報告書、二〇〇四年
中野　等『文禄・慶長の役』戦争の日本史16、吉川弘文館、二〇〇八年
西島太郎「京極忠高の出生―侍女於崎の懐妊をめぐる高次・初・マリア・龍子―」『松江歴史館研究紀要』一、二〇一一年
野村　玄「豊国大明神号の創出過程に関する一考察」『史学雑誌』一二一―一一、二〇一二年
服部英雄『河原ノ者・非人・秀吉』山川出版社、二〇一二年
福井　保『江戸幕府刊行物』雄松堂出版、一九八五年
服藤早苗「童殿上の成立と変容―王家の家と子ども（下）―」『史学』六七―一、一九九七年
藤井讓治『江戸開幕』日本の歴史12、集英社、一九九二年
藤井讓治『幕藩領主の権力構造』岩波書店、二〇〇二年
藤井讓治『徳川将軍家領知宛行制の研究』思文閣出版、二〇〇八年
藤井讓治編『織豊期主要人物居所集成』思文閣出版、二〇一一年
藤井讓治『天皇と天下人』天皇の歴史05、講談社、二〇一一年
藤井讓治『天下人の時代』日本近世の歴史1、吉川弘文館、二〇一一年
藤井讓治「慶長期武家官位に関する四つの「寄書」」『近世史小論集―古文書と共に―』思文閣出版、二〇一二年
藤井直正「秀頼の首」『歴史と人物』昭和五十七年十一月号、中央公論社、一九八二年
藤井直正「豊臣秀頼の社寺造営とその遺構」『大手前女子大学論集』一七、一九八三年

藤田達生『日本近世国家成立史の研究』校倉書房、二〇〇一年
藤田恒春『豊臣秀次の研究』文献出版、二〇〇三年
二木謙一『大坂の陣』中公新書、中央公論社、一九八三年
松尾美恵子「慶長の禁裏普請と「家康之御代大名衆知行高辻」帳」『学習院女子大学紀要』創刊号、一九九九年
松田　修「伝授の虚構性」『太陽』二一〇、平凡社、一九八〇年
三鬼清一郎『織豊期の国家と秩序』青史出版、二〇一二年
三鬼清一郎『豊臣政権の法と朝鮮出兵』青史出版、二〇一二年
宮上茂隆「中井家『本丸図』」『歴史群像・名城シリーズ大坂城』学習研究社、二〇〇〇年
三宅正浩「閏七月一九日付徳川家康・前田利家連署状について」『日本史研究』五七〇、二〇一〇年
美和信夫「慶長期江戸幕府畿内支配の一考察」『江戸幕府職制の基礎的研究』広池学園出版部、一九九一年
森田恭二『悲劇のヒーロー　豊臣秀頼』和泉書院、二〇〇五年
山本博文『幕藩制の成立と近世の国制』校倉書房、一九九〇年
矢部健太郎『豊臣政権の支配秩序と朝廷』吉川弘文館、二〇一一年
吉田洋子「江戸時代における朝廷の存在形態と役割―「禁中幷公家中諸法度」の規定から―」『日本史研究』四九五、二〇〇三年
吉田洋子「豊臣秀頼と朝廷」『ヒストリア』一九六、二〇〇五年

渡辺江美子「甘棠院殿桂林少夫人—豊臣秀吉養女小姫君—」『米原正義先生古稀記念論集　戦国織豊期の政治と文化』続群書類従完成会、一九九三年

全体におよぶ拙著・拙文

『江戸時代の武家社会—公儀・鷹場・史料論—』校倉書房、二〇〇五年
『淀殿—われ太閤の妻となりて—』ミネルヴァ書房、二〇〇七年
『江の生涯—将軍家御台所の役割—』中公新書、中央公論新社、二〇一〇年
『徳川秀忠　江《ごう》が支えた二代目将軍』新人物往来社、二〇一一年
「豊臣秀頼研究序説」三鬼清一郎編『織豊期の政治構造』吉川弘文館、二〇〇〇年
「豊臣秀頼発給文書の研究」（1）（2）『九州産業大学国際文化学部紀要』五五・五六、二〇一三年
「江戸幕府の成立と公儀」『岩波講座日本歴史』第10巻・近世1、岩波書店、二〇一四年

著者紹介

一九六一年、福岡市に生まれる
一九九三年、九州大学大学院文学研究科博士課程後期中途退学
国文学研究資料館・史料館助手、東京都立大学助教授、九州産業大学教授等を経て、
現在、九州大学教授　博士（文学）

主要著書

『幕藩制的秩序と御家騒動』（校倉書房、一九九九年）
『酒井忠清』（吉川弘文館、二〇〇〇年）
『江戸時代の武家社会―公儀・鷹場・史料論―』（校倉書房、二〇〇五年）
『淀殿―われ太閤の妻となりて―』（ミネルヴァ書房、二〇〇七年）

歴史文化ライブラリー
387

豊臣秀頼

二〇一四年（平成二十六）十月一日　第一刷発行
二〇一六年（平成二十八）三月二十日　第三刷発行

著　者　福《ふく》田《だ》千《ち》鶴《づる》
発行者　吉川道郎
発行所　株式会社 吉川弘文館
東京都文京区本郷七丁目二番八号
郵便番号一一三―〇〇三三
電話〇三―三八一三―九一五一〈代表〉
振替口座〇〇一〇〇―五―二四四
http://www.yoshikawa-k.co.jp/
印刷＝株式会社 平文社
製本＝ナショナル製本協同組合
装幀＝清水良洋・李生美

ISBN978-4-642-05787-5

歴史文化ライブラリー

1996.10

刊行のことば

現今の日本および国際社会は、さまざまな面で大変動の時代を迎えておりますが、近づきつつある二十一世紀は人類史の到達点として、物質的な繁栄のみならず文化や自然・社会環境を謳歌できる平和な社会でなければなりません。しかしながら高度成長・技術革新にともなう急激な変貌は「自己本位な刹那主義」の風潮を生みだし、先人が築いてきた歴史や文化に学ぶ余裕もなく、いまだ明るい人類の将来が展望できていないようにも見えます。このような状況を踏まえ、よりよい二十一世紀社会を築くために、人類誕生から現在に至る「人類の遺産・教訓」としてのあらゆる分野の歴史と文化を「歴史文化ライブラリー」として刊行することといたしました。

小社は、安政四年（一八五七）の創業以来、一貫して歴史学を中心とした専門出版社として書籍を刊行しつづけてまいりました。その経験を生かし、学問成果にもとづいた本叢書を刊行し社会的要請に応えて行きたいと考えております。

現代は、マスメディアが発達した高度情報化社会といわれますが、私どもはあくまでも活字を主体とした出版こそ、ものの本質を考える基礎と信じ、本叢書をとおして社会に訴えてまいりたいと思います。これから生まれでる一冊一冊が、それぞれの読者を知的冒険の旅へと誘い、希望に満ちた人類の未来を構築する糧となれば幸いです。

吉川弘文館

歴史文化ライブラリー

中世史